Witz ist Trumpf

Das ultimative Witzebuch

Die Stehaufmandln
Rudi Kandera, Peter Peters, Helmut Reinberger

FECHTER MANAGEMENT & VERLAG GMBH

Impressum:
ISBN 3-9501339-4-1

Die Stehaufmandln
WITZ IST TRUMPF – Das ultimative Witzebuch

Sämtliche Witze wurden von den 3 Stehaufmandln
Rudi Kandera, Peter Peters und Helmut Reinberger
zusammengestellt
Alle Doppelplaudereien von Peter Peters

Lektorat und weanerische Schreibweise: Josef Köber
Grafische Gestaltung & Typographie: Alexander Haas
Fotos: Alexander Tuma

www.fechter-management.com

Druck: Ueberreuter Print und Digimedia GmbH

Inhaltsverzeichnis

Vorwort

„Also den muaß i euch unbedingt erzählen, für mi is der a Wahnsinn!" So fängt es meistens unter uns Dreien an, wenn wir irgendwo einen „Neuen" aufgeschnappt haben. Wobei wir mit den Jahren erkannten, dass es ganz neue Witze nie geben kann, weil jede Situation, jede Voraussetzung, jeder Umstand aus dem sich eine Pointe ergibt, einfach schon einmal da war. So wird der Witz immer wieder neu formuliert, aktualisiert und in Beziehung zu bestimmten Personen und besonders Persönlichkeiten gebracht.

Manchmal kann es sehr treffend, kritisch und auch boshaft werden und wirkt wie eine scharfe Karikatur. In diesem Fall gibt es nicht nur Lacherfolg, sondern auch die befriedigende Zustimmung des Publikums: „Ja, ganz genau, so schaut´s aus!"

Witz und Humor sind nicht immer ganz im Einklang und sprechen oft nur kleine Gruppen an – so ergeben sich Witze, die nur eine Berufsgruppe oder sogar nur die Belegschaft eines Betriebes betreffen und als Außenstehender kann man nur mit den Achseln zucken und sich wundern, warum alle lachen.

Witze können auch ein Spiegelbild einer ganzen Kultur und einer Lebensart sein. Dabei denken wir an den typischen „schwarzen" Humor der Engländer oder an den eher groben bayrischen Witz und den charmanten Witz der Österreicher, der leider auch immer seltener wird – was soll´s, für jeden muss etwas dabei sein.

Humor haben ist wahrscheinlich ein Geschenk des Himmels, denn es gibt kein Thema, sei es auch noch so ernst, dem man nicht von der humorvollen Seite etwas abgewinnen könnte. Auch für uns gilt der berühmte Ausspruch „Lachen ist Medizin“ – und es stimmt wirklich: gut aufgelegt sein und lachen nach Herzenslust ist Balsam für die Seele!

Liebe, Lust, Beruf, Geld, Familie, Tiere, Kinder, Schule, Essen und Trinken, für alle diese Themen und vieles mehr gibt es Passendes. Also, in den folgenden Seiten ist sicher auch für Sie etwas dabei und wir „lassen den Schmäh rennen“.

Viel Spaß wünschen Ihnen die 3 Stehaufmandln

Rudi Kandera Peter Peters Helmut Reinberger

PS: Warnung an den Konsumenten: Nicht beim Autofahren lesen, es könnte Ihre Fahrweise gravierend beeinflussen!

Witze

Helmut
Då springt a Fållschirmspringa ausn Flugzeug oh, so in 3000 Meter Höhe haut er sich raus, lãsst si so a bisserl dahinfålln im frein Fåll, genießt des so richtig, und daunn ziagt er aun da Reißleine aun. Da Fållschirm geht net auf. Er zahrt no amoi aun, da Fållschirm geht no imma net auf. Er ziagt aun da Reserveleine, da Fållschirm geht a net auf. Er fliagt immer tiefa owe, auf amoi kummt eahm von untn ana auffe entgegn gflogn. Wia de zwa auf gleicha Höhe san, frågt er den in seina Aungst: „Sågn S amoi, kennan Se an Fållschirm repariern?" Sågt der: „Na, nua Gasflåschn!"

***

Rudi
Då Opapa håt ins Pensionistnheim miassn - wolln håt er net, åba wås bleibt eahm iwa? Nåjå, und då sitzt er hoit aun an schen Sunntåg Vurmittag im Hof des Pensionistnheims - ganz neich is ålles gwesn - sitzt er durt mit der ihn betreuenden Schwester. Nau, und wia er so då sitzt und fröhlich is und si de herrlichn Bam aunschaut und ois, auf amoi kummt des Enkerl, winkt eahm von da Weitn - kummts eahm besuchn - schreit des Enkerl: „Opapaaa, kumm di besucheeeen." Opapa: „Jååå, siech di eh, gfrei mi eh, dass d kuumst." Sågt des Enkerl: „Nau, Opapa håst di eingwöhnt im neichn Pensionistnheim?" Opapa: „Jååå, a schens Zimmer haums ma gebn, schene Aussicht håb i beim Fenster." Auf amoi kippt da Opapa mitn Oberkörper so auf de linke Seitn, und de Schwesta richt eahm glei wiada zrecht. Sågt des Enkerl: „Nau, Opapa, wia isn des Essn im Pensionistnheim?" Opapa: „Nau eh sehr guat. In da Fruah kriag i mein Kaukau, zmittåg kriag i a vuakauts Schnitzerl, sehr guat und so frisch!" Auf amoi kippt er auf de aundere Seitn mit dem Oberkörper. Sågt des Enkerl: „Nau, Opapa, und wia bist denn so zfriedn då mit de Leut,

håst di scho drau gwehnt?" Opapa: „Jååå, nette Leut, Kårtn gspüt haumma a scho." Kippt er wiada auf de linke Seitn, de Schwesta richt eahm wiada auf. Sågt des Enkerl: „Nau und, Opapa, wia bist denn zfriedn mit da Schwester?" Opapa: „Jå, går net, wäu jedsmoi, waunn i an fåhrn låssn wü, richts mi wiada auf!"

***

Helmut

Gengan zwa Maunna spaziern bei da Åltn Donau. Sågt da ane zum aundern: „Hearst, håst scho ghört? Då Obakellna vom Donauturm, der is von an Auto zsaumm-gfiahrt wurdn." Sågt da aundere: „Geh bumm, wia isn des då auffe kumma?"

***

Peter

Då geht ana iwa de Donau umme, iwa de Reichsbruckn. Und wia er so umme geht, schaut er zum Ufer von da Donau und siecht bei de Stana durt an sitzn und schreit owe: „Hearn S, san Se teppert? Hearn S, Se saufen des dreckige Wåssa von da Donau!" Schreit der auffe: „Was du sagen?" Sågt er: „Mußt langsam trinken!"

***

Peter

Då treffn sich zwa Freind auf da Stråßn. Da ane schaut fiachtalich aus, håt a blaues Aug, de Nåsn steht gaunz schief, zwa Zähnd fehln eahm. Sågt da aundere: „Um Gottes wün, wo ist dia des passiert?" Sågt er: „Bitte, ich wår mit meina Frau auf Mallorca, mia gengan in da Nåcht spaziern am Boulevard, auf amoi kumman uns a påår gaunz üble Burschn entgegn, so Punkrocker, so aggressive Typn, so Skinheads wårn des. Bitte, de haum uns iwafoin. De haum ma mit da Eisnkettn iwan Schädel ghaut. Des håt sehr weh taun. Und mein Frau haums a påår moi vergewåltigt." Sågt da aundere: „Du, des tuat mia sehr lad, schene Grüße aun dei Frau und båldige Besserung." De zwa gengan wiada ausanaunda, und zufällig nåch an hoibn Jåhr treffn sa si wiada auf da Gåssn. Da ane schaut scho wiada schrecklich aus. Da Schädl steht gaunz schief, a Uhrwaschl föht eahm. Sågt er: „Bitte, wås is jetzt los mit dir?" Sågt der: „Bitte, ich wår auf Mallorca, es wår a sehr günstiges Aungebot - TUI TUI - mei Frau und i gengan spaziern am Boulevard auf d Nåcht, auf amoi kumman aus da Seitngåssn a påår Banditn ausse. Oiso bitte, de haum uns iwafoin, de haumma mit dem Bleiröhrl iwan Schädl ghaut, ich bekam eine iwas Happl, des håt sehr weh taun, und mei Frau, de haums a påår moi vergewåltigt." Sågt da aundere: „Du, åba, i man, entschuldige, du bist scho a Tschåpperl. Des is da scho amoi passiert, hearst, wås fåhrst a zweites moi hin?" „I warat eh net gfåhrn. Sie håt drauf bestaundn!"

***

Rudi

A deutscher Missionar mecht dem Dorf in Afrika a bisserl Deutsch beibringa, dåmit er si bessa vaständign kaunn. Er geht ausse ausn Dorf, und auf amoi, wia er so ausse geht, siecht er a Holz liegn. Er deut auf des Holz hin und sågt: „Holz". Sågn de Neger a: „Holz". Daunn geht er hin, hebt des Holz auf und sågt: „Mein Holz". Sågn de Neger: „Mein Holz". Daunn geht da Missionar zu so an Busch, wo a schene große Bluman is. Er geht hin, deut auf de Bluman und sågt: „Blume". Sågn de Neger „Blume". Auf amoi reißt er de Bluman aus und wü sågn „Meine Blume", åba in den Moment schaut er hinta den Busch, und durt vagnügt sich ein Negerpärchen. Des schaut nautürlich blöd aus, da Missionar mit da Bluman in da Haund, der waß net, wås er sågn soi. Aufgrund da Bewegung von dem Pärchen fållt eahm wås ei, und er sågt: „Fahrrad". Auf amoi nimmt ana von de Neger a Gwehr und erschiaßt den Neger auf da Frau. Sågt da Missionar: „Wås soi denn des?" Sågt da Neger: „Mein Fahrrad!"

***

Helmut

Då kummt da Exekutor zu an Maunn, dems scho ålles weggnumma haum. Sågt er: „Grüß Sie Gott, då bin i wiada amoi. Heit is wiada amoi so weit, ich muaß wiada wås pfändn von Ihna. Wås haums denn då?“ Sågt er: „Wås frågns denn, i håb går nix mehr. Sie wårn jå scho 15 moi da, wås soi i denn no haum?“ „So geht's net, Herr Maier, i muaß irgendwås pfändn. Oiso Herr Maier, sans ehrlich, wås haums denn no?“ Maier: „Wås håb i no, wås håb i no? Mein Hund håb i no!” „Nau guat, låssn S ma den Hund amoi aunschaun.“ Da Hund kummt eine auf drei Haxn, auf an Aug is er blind, da Schwaunz fehlt eahm, a schiachs Fell håt er a. Da Exekutor schaut den Hund aun, sågt er: „I waß net recht. Haum S nix aundres mehr?“ Maier: „Nau, hechstns no mei Frau.“ „Wo is denn Ihre Frau?” „Im Schlåfzimma.“ Da Exekutor geht ins Schlåfzimma, kummt wiada ausse und sågt: „Geh, låssn S ma den Hund no amoi aunschaun!“

***

Peter

Bei da Oper frågt a ungarischer Tourist an Wiener: „Bitteschen, können Sie mir sagen, wo ist Kupferplatz, Kupferplatz Numero 9?“ Da Wiener: „Kupferplåtz, Kupferplåtz? Hearn S, Se måchn mi schwåch. Mia haum an Stephansplåtz, mia haum an Michaelerplåtz, mia haum an Schillerplåtz.“ Tourist: „Ah ja, Schillerplatz. Kupferplatz is Schillerplatz!“ Da Wiener: „Wiaso kummans denn auf Kupferplåtz, waunn S den Schillerplåtz manan?“ Sågt er: „Håb ich verwechselt, kleine Irrtum. Schiller mit Goethe, Goethe mit Lessing, Lessing mit Messing und Messing mit Kupfer!“

***

Rudi

Då stengan si in da Fruah in da Tramway zwa Maunna gegnüba und beobachtn si scho a gaunze Wäu. Des Gedränge wird imma ärga, auf amoi sågt da ane zum aundern: „Sågn S amoi, Herr Nåchbar, tan Se Ihna nåchn Sex net wåschn?“ Sågt da aundere: „Entschuidign Sie, åba nautürlich!“ „Daunn wirds Zeit, dass wiada amoi an Sex måchn!“

Helmut
Då sitzt a ältera Herr im Autobus. Vis-a-vis von eahm sitzt a junges Madl, des schaut eahm de gaunze Zeit aun. Dem fållt des auf, und er sågt zu ihr: „Is wås?“ Sågt sie: „Jå, hearn S, Ihna hängt des hoiberte Pimperl ausse!“ Schaut er owe und sågt: „Hearn S, Se wern låchn, des is des gaunze!“

***

Peter
Im Autobus auf an Bankl sitzn zwa sehr oide Herrn und reden mitanaund. Sågt da ane zum aundern: „Jetzt fåhr i scho 12 Jåhr då mit dem Autobus.“ Sågt da aundere: „Bumm, wo san denn Se eigstiegn?“

***

Rudi
Wås is da Untaschied zwischn da Wiener Polizei und an Schnittlauch? Gibts kan. Beide grün, innen hohl und tretn nua bündlt auf!

***

Rudi
Kummt a Zigeunerin aufs Polizeikommissariat, geht durt zum Inspektor und sågt: „Herr Inspektor, bitte mir helfen. Herr Inspektor bitte, mir bei Billa Tasche gestohlen.“ Sågt er: „Gnädige Frau, måcht iwahaupt nix! Mia san fia ålle då, wås wår denn drin?“ Sågt sie: „20 Geldbörseln!“

***

Helmut
Då redn zwa Fraun mitanaunda. Sågt de ane zur aundern: „Wås håb i ghört? Dei Maunn kaunn so guat Tiere nåchmåchn. Wås måcht er denn am bestn?“ Sågt de aundere: „Er frißt wia a Sau!“

Rudi

De Frau Maier kummt ham, ihr Maunn sitzt am Wohnzimmatisch, lest sei Zeitung wia üblich, und sie sågt in ihrer charmanten Årt zu eahm: „Oidå, gib de Zeitung weg, i muaß da wås sågn!“ Er: „Nautürlich, wås wüst ma denn sågn?“ Sie: „Du, i wår heit des erschte moi bei unserm neichn Hausårzt, ein schöner Mensch und so ein eloquenter Mensch. Du, der kennt si aus in da Anatomie, des glaubst går net. Waßt, wås der zu mir gsågt håt? Du, der håt gsågt zu mir, i håb a Gsichterl wia a 25jahriche und a Figur wia a 30jahriche.“ Sågt er: „Nau, und von dein 50jahrichn Årsch håt er nix gsågt?“ Sågt sie: „Na, von dir wår net de Red!“

***

Rudi

Wås passiert, waunn ma a Bombn in de Kuchl einehaut? Går nix. Da Sauståll bleibt da gleiche, åba des Keppln hert si auf!

***

Rudi

Då kummt da Ehemaunn a bisserl späta ham von da Årbeit, so drei, vier Stund, is jå net vü. Sågt sie: „Schåtzi, wia di 15 Glasln Wein verändern kennan.“ Sågt er: „Puppi, i håb doch iwahaupt nix trunkn!“ Sågt sie: „Åba i!“

***

Rudi

Då liegt a Ehepåår am Åbend im Bett - ålle zwa san seeliga Stimmung - auf amoi sågt sie zu eahm: „Herst Schåtzi, jetzt wars schen, waunn du geil warst!“ Sågt er: „Jå, und es war geil, waunn du schen warst!“

***

Helmut

In an Kaffeehaus sitzt a ältera Herr gaunz allan aun da Bar aun da Theke und trinkt durt an Whisky in ålla Ruhe. Auf amoi geht de Tia auf, und a Punker kummt eine, so a gaunz a wüda Typ mit an grünen Irokesenbirschtl und

Dutzende Kettn uman Håls und in de grellstn Fårbn gekleidet, setzt sie nebn den ältern Herrn hin und bestellt si a an Whisky. Da ältere Herr schaut den Punker ållawäu aun, dem fållt des auf, und er sågt zu eahm: „Nau, wås is, Oidå, wås schaustn so teppert? Håst in dein Lebn no nie an Bledsinn gmåcht?" Sågt da ältere Herr: „Ojå, deswegn schau i jå, weil i håb in meina frühesten Jugend amoi an Pfau gschnackslt und jetzt iwaleg i, obst net mei Bua bist!"

***

Peter

In då Sauna wårn zwa leichte Mädchen und redn mitanaund, sågt de ane zur aundån: „Hearst, wås håst du denn fia Wimmerln am Popo?" Sågt de aundere: „Wås haßt Wimmerln, des is de Preislistn fia de Blindn!"

***

Helmut

Då wår a so a burgenländischa Schützenverein, de haum mitanaunda an Ausflug gmåcht, nach Bayern am Königsee sans gfåhrn, weils scho so vü ghert haum von den berühmtn Mehrfåch-Echo vom Königsee. Sie san durt hingfåhrn, steign in a Boot ei, ruadern ausse auf den See. Mittn draußn bleibns steh, sågt da Schütznkommandant zu de Leit: „Oiso, jetzt probier ma des schene Echo vom Königsee aus, gell. Wås måch ma, schrei ma oda schiaß ma?" Sågn ålle: „Nau, schiaß ma." Nau, de schiaßn ålle in de Luft, åba es kummt ka Echo. „Hearst, des gibt's jå net. Wiaso kummt ka Echo? Vielleicht samma aun da falschn Stell. Ruada a weng weida umme." Nau, der ruadert weida umme, bleibt durt steh und sågt: „Åba jetzt muaß geh. Oiso, schrei ma oda schiaß ma?" Sågn ålle wiada: „Nau, schiaß ma". Nau, und de schiaßn wiada in de Luft, wiada ka Echo. „Des is jå unwåhrscheinlich sowås. Geh, ruader näha zum Ufer zuwe, vielleicht gehts då." Und se ruadern weida zuwe, bleibn durt stehn. „Jetzt muaß åba geh. Schrei ma oda schiaß ma?" Sågt da aundere: „I kaunn nimma schiaßn, ich håb kan Pfeil mehr!"

Peter

Am Neusiedler See håts a beißende Kältn ghåbt, und da Neusiedler See wår meterdick zuagfruan. Då fåhrt a Burgendlandla mit ana Scheibtruchen ausse am zuagfruaranen See und lart de Erdn auf den zuagfruaranen See und kummt mit ana zweitn Scheibtruchn volla Erdn und fåhrt wiada aufn See und lart de Erdn durt hin. Des beobacht a aundera, geht zuwe und sågt: „Du bist a schena Trottl. Larst då de Erdn aufs Eis, und waunn s Eis wegschmilzt, geht de Erdn owe und neamd siecht mehr wås." Sågt da aundere: „Hoit dei Goschn, am Nåchmittåg kumman de Weana Grund kafa."

***

Rudi

Treffn si zwa Burgenlandla, sågt då ane zum aunderen: „Du, i håb ma in Wean heit a supa Dingerl kaft. I haumma an gaunz an neichn Safe kaft." „Wos håst da kaft?" „An Safe, woaßt eh, des is des Dingerl, då wost de teuren Såchn einegibst und wennst as aussehoin wüst, muaßt dein persönlichn Code eingebn." „Geh, her auf, des is jå unhygienisch." „Du bist a Trottl. Kumm zu mia hoam, i låd di ein, schauma in da Praxis aun, wia a ausschaut." Se gengan ham zu eahm, stelln si hin vur den Safe. „Schau, des is a. Då genau in da Mittn von mein Safe håst de Nummern wia beim Telefon de Drucka, woaßt eh 1, 2, 3, 4, 5, 6, 7, 8, 9, 0. Und då muaß i mein persönlichn Code eingebn, den woaß oba nua i. Åba paß auf! Du bist mei Freind, i zeigs da in da Praxis, sunst kneißt as eh net oh. Schau genau her am Safe und wirst sehgn, dass er aufgeht. Wårt amoi. Oiso gemmas aun. Viere, und äähh, viere, wårt, jetzt wirds haarig, ah jå, viere und daunn wår no viere." Sågt da aundere: „Geh, her auf, jetzt kenn i jå deine Ziffern!" Sågt er: „Jå, åba net de Reihenfolge!"

Rudi

„I bin draufkumma, es gibt wås vü Besseres ois Viagra."
„Wås?"
„Mineralwåssa."
„Wiaso?"
„Mia is gestern mei Uhr einegfålln, de steht heit no!"

***

Rudi

A junges Pärchen håt des erschte moi Discoåbend. Herrliche Stimmung, zwa in da Fruah, drei in da Fruah. Se wolln si veråbschiedn, åba er kaunns iwaredn, er håt jå scho des Zimmerl hergricht und sche einghazt. Se gengan in des Zimmerl, da Schmäh rennt, se ziagn si ålle zwa aus, sie steht nåckert, åba verkehrt vua eahm. Er geht von hintn auf sie zua und riacht gaunz leidenschåftlich an ihrn Nackn. Auf amoi sågt er: „Chanell?" Sie: „Na, i håbs liaba laungsaum!"

***

Helmut

Es sitzt a jungs Ehepåår daham, und då kummt de Schwiagamutta gaunz unverhofft auf Besuch zu eahna. Da Schwiagasohn mächt de Tia auf, und wia er sie stehn siecht, reißts eahm a bisserl. „Jessas, Mama! - Is des a Freid. Wia laung wiarstn bleibn?" „Ich bleibe so lange, bis ich euch auf de Nerven gehe!" „Nau geh, a hålbe Stund häst scho bleibn kenna!"

***

Peter

A jungs, verliabts Pärchen sitzt beim Heurign. Sågt er: „Schåtzi, mechst du heit mit mia in an riesign Auto mit Chauffeur fåhrn?" Sågt sie: „Jååå!" Sågt er: „Daunn gemma zum 39A."

Rudi

Kummt a Maunn zum Årzt. Sågt da Årzt: „Nau, wås mącht des oide Leiden?" Sågt da Maunn: „Des waß i net, i bin seit an hålbn Jåhr gschiedn!"

***

Peter

Kummt a Maunn zum Årzt. „Herr Doktor, wås soll i måchn? I håb an Pfau zwischn de Fiaß." Årzt: „Nau geh, des muaß i ma anschaun. Måchn Sie sich frei." Der ziagt si aus. Da Årzt schaut eahm aun und sågt: „Pfau!"

***

Helmut

A Maunn wåcht mittn in da Nåcht mit ana Hålsentzündung vua lauta Schmerzn auf. Er kaunn kein lautes Wurt mehr redn und muaß sofurt zu an Årzt geh. Er ziagt sie aun, geht owe auf d Gåssn, suacht bei de Häuser herum, bis er nebn an Haustor so a Taferl siecht mit da Aufschrift: „Praktischer Arzt". Durt läut er aun. De Frau vom Årzt måcht auf, und er sågt zu ihr (mit leisa Stimm): „Ist da Dokta zhaus?" Sågt sie drauf: „Na! Kumman S eina!"

***

Peter

Um hålbazwa in da Nåcht ruaft de Frau vom Årzt den Installateur aun, und es hebt de Frau vom Installateur oh. Sågt de Frau vom Årzt: „Sie, es tut mir so leid, dass ich Sie mitten in der Nacht belästige, aber es ist wirklich eine tragische Sache. Wir haben einen Rohrbruch, und unser ganzer Keller steht unter Wasser, es ist schrecklich, und es sieht fürchterlich aus. Könnte Ihr Mann nicht sofurt zu uns kommen?" Sågt de Frau vom Installateur: „Des is a Wauhnsinn, waunn i jetzt den Oidn aufweck, der würgt mi. Wia haums Ihna des vuagstöt?" Sågt de Frau vom Årzt: „Schauen Sie, es ist wirklich ein Notfall und eine dringende Sache, und mein Mann muß ja auch manchmal mitten in der Nacht zu einem Patienten sausen!" A Hin und a Her, da Installateur wird schließlich aufgweckt, is aungfressn, ziagt sie aun und fåhrt zum Årzt. Er reißt de Köllatia auf, siecht den ganuzn Dreck der Iwaschwemmung, nimmt zwa Dichtungsringerln, hauts ins Wåssa und sågt: „Waunns bis murgn Mittåg net bessa is, ruafen S mi aun!"

***

Rudi

Då kummt a Maunn zum Augnårzt. „Hearn S, Herr Dokta, i siech an Schas." Årzt: „Nau, daunn sehngs eh guat!"

***

Helmut

Då håt si in an klan Ort a neicha Tierårzt niedalåssn, und da Tierårzt wår wås gaunz Besondres, der håt mit den Tieren sprechen können. Des håt si båld herumgredt, und er wår sehr beliebt. Und eines Tåges kummt da Huber-Bauer zu eahm - da Huber-Bauer vom Einschichthof obn - und sågt zu eahm: „Dokta, kimm schnell auffe zu mir am Hof, wäu mit meine Viecha då stimmt wås net. Mei Kuah, de gibt seit ungefähr ana Wochn ka Müch mehr, und mei Roß hatscht umadum, und de Goaß steht so a bisserl komisch am Eck und riahrt si net. I waß net, wås los is, bitte red mit eahna." Da Tierårzt geht auffe, stellt si vua de Kuah hin und sågt zu da Kuah: „Muhh". Sågt de Kuah: „Muh, Muh". Sågt da Bauer: „Wås håts gsågt?" „Nau, de Kuah håt gsågt, du håst am Mittelfinga so a große Warzn, so a hårte, und de tuat ihr weh beim Melkn, und drum gibts ka Müch." Schaut da Bauer sei Haund aun und sågt: „Jå hearst, des håb i jå går net gwißt, des is jå unwåhrscheinlich. Guat, dass du mir des sågst! Und wås is mitn Roß?" Stellt si da Tierårzt vua des Roß hin und sågt zu eahm „I-ah i-ah". Sågt då Bauer: „Und wås håt des Roß gsågt?" „Jå, des Roß håt gsågt, es håt si am linkn hintern Huaf an Någl eintretn." Da Bauer schaut nåch und siecht wirklich an Någl und zahrt eahm ausse. Då rennt da Bauer nåch hintn zua Gaß und sågt zu ihr: „Und du hoitst sche de Goschn, gö, wäu erschtens is des scho a påår Jåhr her und außadem wår i dåmåls aungsoffn!"

Rudi

Då kummt a 80jahriche Dame zum Gynäkologn, der untasuachts, und während der Untasuachung sågt er: „Gnädige Frau, des gibts jå net. Se san 80 Jåhr, a fesche Person und no imma Jungfrau. Haum S nie gheirat?“ Sågt sie: „Ojå, håb eh dreimoi gheirat, da erschte wår a Architekt, der håt nua geplant, da zweite wår a Politika, der håt nua vasprochn, und da dritte wår a Baumasta, und der håt imma gsågt „Nau, murgn gemmas aun!“

***

Peter

Geht ana zum Frisör und sågt: „Geh, san S so nett, kennan S ma då vielleicht auf da an Seitn a klane Glåtzn schneidn, und waunn S vielleicht so nett warn, an Scheitl brauchert i so quer umme, åba so schräg, so 8 cm brat und hintn a bisserl ausgfraunst. Vielleicht des linke Kotlett etwas länga ois des rechte.“ Sågt da Frisör: „I waß net, ob i des zsaummbring!“ „Vua drei Wochn haum S des a zsaummbråcht!“

***

Peter

Kummt ana zum Frisör Håår schneidn. Sågt da Frisör: „Woin S de Håår zruck haum?“ Sågt er: „Na, Se kennan S Ihna ghåltn!“

***

Rudi

Då rennt a Maunn vua da Entbindungsstation auf und oh, gaunz nervös is er scho. Endlich kummt de Schwesta ausse und sågt: „Ich darf Ihnen eine freudige Mitteilung machen! Sie sind soeben Vater von Zwillingen geworden!“ „Schwester, i Zwülling?“ „Ja, Sie sind Vater von Zwillingen geworden!“ „Schwester, i Zwülling? Schwester, i Zwülling? Haha, Schwesta, schaun S mi aun. Des is jå ka Wunda bei mein Gerät!“ Sågt de Schwesta: „Nau, daunn tuans es wiada amoi putzn, denn es san zwa Schwårze!“

Rudi

Geht a klana Bua ins Kaufhaus in de Spielwarnåbteilung, siecht då obn am Regal de Pumuckeln. Da Klane stellt sich hin und sågt: „Schöööön, so schöööön, so schöööön." Auf amoi kummt de Verkäuferin und sågt: „Nau, Klana, soll i dia an runter holn?" Sågt er: „Jå, waunn i dafia an Pumuckl kriag!"

***

Helmut

Då trifft de Frau Poporil de Frau Viskocil, sågt de Poporil zua Viskocil: „Wås håb ich ghört, ihr Gatte ist so plötzlich und unerwartet auf ganz tragische Art und Weise verstorben?" Sågt de aundere: „Jå, stellens Ihna vua." „Nau, und wie ist das passiert?" „Im Bett beim Liebesakt. Auf amal macht er ah, ah, ah, denk i ma, kummt er, dabei geht er!"

***

Helmut

Då gengan drei Löwenjäger in Afrika durch de Savanne, so hintaeinaunda gengans durch des hoche Grås, auf amoi sågt da erschte gaunz leise zum zweitn: „Hålt". Sågt da zweite zum drittn: „Hålt." Sågt da dritte zum zweitn: „Wårum?" Sågt da zweite zum erschtn: „Wårum?" Sågt da erschte zum zweitn: „A Löwe." Sågt da zweite zum drittn: „A Löwe." Sågt da dritte zum zweitn: „Wia weit?" Sågt da zweite zum erschtn: „Wia weit?" Sågt da erschte zum zweitn „Zwa Kilometa." Sågt da zweite zum drittn „Zwa Kilometa." Sågt da dritte zum zweitn: „Wås redst daunn so leise?" Sågt da zweite zum erschtn: „Wås redst daunn so leise?" Sågt da erschte: „Wäu ich hasrig bin!"

***

Peter

Um hålbazwölfe auf d Nåcht, då kummt a oides Muatterl zum Westbauhnhof und mecht no den letztn Zug darwischn. Sie geht durt am Gürtel entlaung, siecht de gaunzn Damen der Nåcht herumschwärmen und sågt zum Wåchmaunn danebn: „Herr Inspektor, wås san denn des då ois fia Fraun?“ Sågt er: „Muatterl, des is nix, gengan S nua weita, des san lauta Prostituierte.“ Sågt sie: „Jå jå, åba a påår Hurn san a dabei!“

***

Rudi

Då kummt a Maunn zum Årzt und sågt: „Hearn S, Herr Dokta, helfn Karottn gegn Impotenz?“ Sågt da Årzt: „Jå, waunn S as richtig befestign!“

***

Helmut

Då treffn si wiada amoi zwa Freind nåch längara Zeit. Sågt da ane zum aundern: „Servas Fraunz, laung håb i di nimma gsehgn, Fraunz. Wia gehts da denn? Bist scho vaheirat?“ Fraunz: „Nau, no imma net.“ „Wiaso? Jetzt bist scho 45 Jåhr und bist no imma net vaheirat. Wia kummt des?“ Sågt er: „Nau waßt, jede Freindin, de i bis jetzt ghåbt håb und di i hambråcht håb zu meina Mutta, de håt ålle mei Mutta ausseghaut. Kane håt ihr gfålln. I waß nimma, wås i tuan soi.“ Sågt da aundere: „Hearst, daunn suach da doch a Freindin, de a bisserl deina Mutta ähnlich schaut!“ Sågt er: „Hearst, des probier i!“ Drei Monaut späta treffn si sich wieda. Sågt er: „Nau, Fraunz, håst ane gfundn?“ „Hearst, du wirst as net glaubn. Ich håb a Freindin gfundn, de schaut aus wia mei Mutta ausgschaut håt, wias gaunz jung wår. Sie redt a so und bewegt sie so.“ Sågt er: „Nau, und håts klåppt?“ Fraunz: „Na, de håt mei Våta ausseghaut!“

***

Peter

Treffn si zwa Freind auf da Gåssn. Da ane schaut gaunz zsaumghaut aus, gaunz deprimiert drein. Sågt da ane: „Oida, wås is denn los mit dir, wia schaust denn du aus? Erzähl a bisserl.“ „Nåjå, i bin anzeigt wegn Betrug.“ Sågt er: „Wegn Betrug? Wås håst denn gmåcht?“ Sågt er: „Nau, i håb an Politika a Kuvert gebn." Sågt er: „Geh, her auf, des is jå ka Betrug, des is a Bestechung." Sågt er: „Na, es wår nix drin!"

***

Rudi

A Burgenlandla auf da Stråßn siecht vua eahm a Bananenschåln liegn. Sågt er: „Scheiße, jetzt wer i mi wieda darstessn." Daunn steht er auf und sågt: „Nau, wås håb i gsågt?"

***

Rudi

Und wia waß ma, dass beim Gruppnsex a Burgenlandla dabei is? Er is da anzige, der nua sei Oide schnackslt.

***

Rudi

Då treffn si zwa Burgenlandla, sågt da ane zum aundern: „Hearst, i bin aungfressn, i påck mei Oide neama mehr. Stell da vua, fåhrt vua zwa Jåhr auf Urlaub - a Kind, vurigs Jåhr auf Urlaub - a Kind." Sågt da aundere: „Geh her auf, wås måchst denn dagegn?" „Nau, heia fåhr i mit!"

***

Helmut

In Wien Schwechat årbeitn zwa Burgnlandla beim Bodenpersonal und tankn de Flugzeig durt auf. Eines Tåges sågt da ane zum aundern: „Kårl, håst du den neichn Düsntreibstoff kost, wås ma då kriagt haum?" Sågt da aundere: „Na, wiaso?" Sågt da aundere: „Hearst, der schmeckt wia a Whisky, kost amoi!" Der kost und sågt: „Jå, schmeckt wia a Johnny Walker!" De zwa saufn sich durt aun mit dem Treibstoff, bis zum geht nimma. Am nächstn Tåg in da Fruah ruft da ane den aundern aun und sågt: „Kårl, wia geht's da denn heit?" Kårl: „Guat." „Håst Mågnweh?" „Na!" „Håst Schädlweh?" „Na." „Håst heit scho an fåhrn låssn?" „Na." „Daunn tuas net, wäu i ruaf di aun aus Kuba!"

Rudi

Zwa Frischpensionistn gfrein si natürlich irrsinnig, wäus in Pension san und am Vurmittåg scho am Parkbankerl sitzen kennan und plaudern iwa de Pension. Und während se so plaudern, stolziert a jungs Madl vurbei. De zwa kriagen soiche Stielaugn. Auf amoi sågt da ane zum aundern: „Nau Kårl, wås sågst? Leiwaund, gö?" „Mmhh, man müßte nochmal zwanzig sein." Sågt da aundere: „Bist teppert, wegn drei Minutn schnacksln no amoi 40 Jåhr hackln?"

***

Peter

Drei 80jahriche stengan im Park und reden mitanaund, sågt da ane zum aundern: „Hearst, i wåß net, i bin so wås von vergeßlich, des is a Wauhnsinn. Neulich håb i den Mauntl aun, waß i net, woit i den Moment furtgeh oda bin i den Moment kumma!" Sågt da aundere: „Des is jå går nix. I håb neulich den Telefonhöra in da Haund. Waß i net, woit i ausseruafn oda håt mi den Moment jemaund aungruafn." Sågt da dritte: „Bei mir is ålles in Urdnung. Toi, toi, toi – Herein."

***

Rudi

Då sitzt a ältera Maunn auf an Parkbankerl, de Sunn håt owebrennt, åba er sitzt gaunz traurig då, eingfållene Wangerln håt er, und wana tuat er. Auf amoi kummt a junga Bursch vurbei und sågt: „Jå, Våterle, wås is denn los? Um neine Vurmittag, so a herrlichs Tagerl, und Se sitzn då und wanan?" Sågt er: „Jå, wissen S, i håb a jungs Madl zhaus und de wü imma nua Sex und Sex und Sex!" Sågt da junge Bursch: „Jå, Våterl, in dem Ålta geht's hoit nimma mehr so!" „Na, des is es net, i håb nua vagessn, wo i wohn!"

***

Peter

Då sågt da klane Franzi zu sein Opapa: „Opapa, zu dein 85. Geburtståg haumma fia di ein Supageschenk und a Iwaråschung vurbereitet!" Sågt da Opapa: „Oh, wås is denn des fia a Supageschenk?" „Jå, Opapa, zum 85. Geburtstag des Supageschenk - eine Stripperin!" Opapa: „Oh - und de Iwaråschung?" „Sie is dei Jåhrgaung!"

***

Rudi
Då war a sehr kindareiche Familie, de håt fünf Buam ghåbt. Nua mit an Buam haums a Problem ghåbt, der håt net redn kenna. Jetzt fåhrns von an Årzt zum aundern, åba nix wird bessa. Eines Tåges wirds dem Våta zbled, und er sågt: „Du Mama, meine Nervn san am Ende, i hoit des nimma mehr aus. Waßt wås, i kaunn nua mehr auf a Wunda hoffn, ich påck den Buam und fåhr nach Lourdes." Nau, der macht des, taucht den Buam durt owe. Der kummt aus dem Wåssa ausse und sågt: „Våta, du bist a Trottl!" Våta: „Jööö, da Burli kaunn redn! Des Wunda is gschehgn! Då muaß i glei de Mama aunruafn." Nau, der ruaft aun und sågt: „Schatzi, stell da vua, des Wunda is gschehgn! Unsa Burli kaunn redn!" Sågt sie: „Geh, her auf, wås håt er denn gsågt?" „Waßt, er håt an Bledsinn gsågt, er håt gsågt: Våta, du bist a Trottl." Mutter: „Håt er a recht ghåbt, weil du håst den fålschn Buam mitgnumma!"

***

Helmut
Då tamlt a gaunz a Bsoffena bei an Heurign ausse auf sei Auto zua, des durt parkt is, des wår so a ur-oida Peugeot. Neben dem Auto steht a Wachmaunn und schreibt. Da Bsoffene tamlt hin zu dem und sågt: „Herr Inspektor, is wås?" Inspektor: „Ghört der Wagen Ihna?" „Jå, des is meina!" Inspektor: „300 Schilling." Sågt er: „Jetzt ghört er Ihna!"

***

Peter
Då fahrt wiada amoi ana sternhaglvoll mit dem Auto und håt prompt a Polizeikontrolle. Då Polizist hoit eahm auf und sågt: „So, das ist eine Polizeikontrolle! Geben S ma amoi Ihren Führerschein." Sågt er: „Hahaha, i håb kan Führaschein!" Polizist: „Des gibts jå net, daunn gebn S ma

ihren Personalausweis!" Sågt er: „Hahaha, ich håb a kan Personalausweis!" Polizist: „Nau, daunn sågn S ma Ihren Naumen!" „Des dårf i net!" Polizist: „Wiaso können S ma Ihrn Naumen nicht sågn?" „Ich bin ein anonymer Alkoholiker!"

***

Rudi

Nåch ana herrlichn Liebesnåcht sågt er zu ihr: „Såg amoi, Schatzi, warum sågst du mia eigentlich nie, waunn du an Orgasmus håst?" Sågt sie: „Nau, wäu du nie dabei bist!"

***

Rudi

Då sitzt sich ein älteres Ehepåår beim Fruahstuck gegenüber. Auf amoi sågt sie zu eahm: „Jå Schåtzi, des gfreit mi oba. Aun unsern 10. Hochzeitstag rinnt dir a Freudenträne iwas Wangerl owe!" Sågt er: „Wås haßt Freudenträne! Wia ma zwa Jåhr verheirat wårn, wollt i di umbringa, 8 Jåhr hätt i kriagt, heit war i frei!"

***

Peter

Då kummt ana in de Eisnhaundlung und sågt: „Gutn Tag, ich brauchert so a großes Schloss!" Sågt er: „Tut ma lad, des håb i net!" Sågt er: „Macht nix, geben S ma a etwås klaneres Schloss!" Sågt er: „Tut ma lad, des håb i a net!" Sågt er: „Nau bitte, und a gaunz a klanes Schloss werdn S jå wohl haum!" Sågt er:„Tuat ma lad, des håb i a net!" „Sågn S amoi, wårum haum Se iwahaupt offn?" „Wäu i ka Schloss net håb!"

***

Rudi

Då kummt in da Fruah de Mågd zum Bauern und sågt: „Bauer, Bauer, schnö, bei uns in da Scheune is a Landstreicher!" Bauer: „Laß eahm." „I håb eahm eh scho dreimoi låssn, der wü no ollawäu!"

Rudi
Då liegt a älteres Bauernehepåår in da Fruah im Bett. Auf amoi sågt er zu ihr: „Oide, waunn deine Brust a bisserl greßa war, kennt ma uns de Kuah darspårn!“ Sågt sie: „Jå jå, waunn dei Pimperl a bisserl greßa war, kennt ma uns zwa Knecht erspårn!“

***

Helmut
Da Generaldirektor eines sehr großen Unternehmens läßt seinen Generalvertreter zu sich rufen uns sågt zu eahm: „Herr Müller, Sie fliegen nächste Woche nach Brasilien. Sie haben dort einen sehr wichtigen Abschluß für uns zu tätigen!“ Sågt da Müller: „I nach Brasilien? Na, då fliag i net hin.“ „Warum?“ „I måg des Laund net, Brasilien, de Leit durt. Wås gibts denn durt fia Leut in Brasilien? Durt gibts jå nua Hurn und Kicker!“ Sågt da Generaldirektor: „Mein Herr, wie sprechen Sie? Wissen Sie nicht, dass meine Gattin Brasilianerin ist?“ Müller: „Ahso? Bei wöchem Verein håts denn gspüt?“

***

Peter
Nåch dem Fußballmatch sågt da Mittlstürma zum Schiedsrichta: „Sågn S, wia haßt denn Ihna Hund?“ Schiedsrichta: „I håb kan Hund!“ „Nau, des is traurig, blind und kan Hund!“

***

Rudi
Då treffn si zwa Tauben, sågt de ane zur aundern Taube: „Håst scho ghört?“ Sågt de aundere: „Nau, i bin jå a Taube!“

***

Peter
Beim Tierårzt im Wårtezimma san vaschiedene Viecherln gwesn. Unta aunderem ein wundaschöna Schäferhund und ein bisserl a ältera ausgfranster Rauhhåårdackl. Sågt da wundaschene Schäferhund zum etwas älteren

ausgfransten Rauhhåårdackl: „Wårum bist denn du då?" „Nau siechst eh, i håb kane Zähnd in da Goschn, a räudigs Fell håb i, de Waumpn schleif i am Linoleum. Bitte, deswegn kriag i meine Vitaminspritzn. Åba wårum bist denn du då?" Sågt da wundaschene Schäferhund: „Du, des is a eigenes Gschichterl. Ich wår neulich allanich zhaus mit mein Frauerl, und sie håt de gaunze Wohnung putzt, und beim Bådezimma beugt sa si a bisserl länga iwa de Bådwaunn driwa. Bitte, i håb mi net beherrschn kenna! Då bin i hoit auffeghappt!" Rauhhåårdackl: „Verstehe, und jetzt muaßt eingschläfert werdn!" „Na na, de håt mi gschickt Nägl schneidn!"

***

Helmut

Vur an Restaurant steht a Tåfl mit da Aufschrift: „Warme Speisen im Keller". Kummt ana eine und sågt: „Und wo speisn de aundern?"

***

Peter

Es wår um dreiviertl fünf Nachmittåg am Ring, a riesn Verkehrskolonne - Stoßstaunge aun Stoßstaunge, ana fahrt hinterm aundern. Auf amoi - bumm - fahrt da ane auf sein Vurdamaunn drauf. Kaunn passiern. Vurn springan zwa auße und hinten ana. Da hintere sågt: „Entschuldigen Sie vielmals, meine Herren, das kleine Mißgeschick, ich war einen Moment laung nicht ganz konzentriert. Ich möchte bei meiner Versicherung nicht in den Malus kommen. Akzeptieren Sie 500 Schilling, und die Sache ist erledigt!" Sågt ana von den vurdaren: „Du Hans-Dieter, hast du das gehört? 500 Schilling, der Mann ist doch wahnsinnig, Polizei, Polizei, Polizei!" Sågt då hintere: „Ich weiß nicht, ich bin ein bisserl vor den Kopf gestoßen, ich bitte Sie. Ich hab Ihnen die Situation erklärt, is jå wurscht, ich geb Ihnen 1000 Schilling, und die Sache ist erledigt!" Sågt ana von de zwa vurdaren: „Du Hans-Dieter, hast du das gehört? 1000 Schilling. Der Mann ist doch wahnsinnig. Polizei, Polizei, Polizei! Diese uniformierten Grobiane müssen kommen und die Sache in die Hand nehmen!" Sågt då hintere: „Wissen S wås, waunn i ma des so aunschau, i håb mas iwalegt. Lecken S mi am Årsch!" Sågt då vurdare: „Hans-Dieter, keine Polizei, der Mann will verhandeln!"

***

Peter
De Mutta is mit ihrn klan Buam im Tiergårtn und sågt: „Franzi, geh net zu nåh zu de Eisbärn, bist eh scho so vakühlt!"

***

Rudi
Nach da Hochzeitsnåcht sågt sie zu eahm: „Nua dass d es waßt, da Ring is ma a zklan!"

***

Helmut
De Frau Maier ist beim Teppichbirschtn im Hof. Kummt de Frau Müller vurbei und sågt: „Frau Maier, sie haum jå går kane Håår auf ihra Birschtn!" Sågt sie: „Frau Müller, sågn S Ihnern Oidn, er is a Tråtschn!"

***

Helmut
Kummt de Frau Maier gaunz aufgregt auf a Polizeikommissariat und sågt: „Herr Inspektor, stellen S Ihna vur, mei Gatte is seit vier Tåg abgängig, kennan S eahm net suachn?" Sågt er: „Freilich kemman suachn. Mia findn zwår an Dreck, åba suachn tua man! Se miassn uns åba scho a bisserl a Personenbeschreibung gebn." „Nau freilich, waunn i mi so recht erinnern tua, a Glåtzn håt er ghåbt, 1,50 war er groß, 120 Kilo håt er ghåbt, zuzelt håt er, gscheanglt håt a . . . - Wissen S wås? Suachn S eahm net!"

***

Rudi
Då geht a Burgenlandla in Wien auf da Kärntner Stråßn spaziern. Auf amoi kummt aus an Teppichgschäft a Araber ausse und beutelt den Teppich aus. Sågt da Burgenlandla: „Nau, springt er net aun?"

Helmut

Großes Violinkonzert, da Geiger steht vurn Orchesta und spielt wia a Teufl den Csardas von Monti. Untn in da erschtn Reih sitzt a Zuhöra, dem rinnan de Tränen iwas Gsicht owe. Nach dem Konzert geht da Geiger zu eahm hin und sågt: „Gö, Sie san a Ungar?" Sågt der: „Na, a Musiker!"

***

Peter

In St. Pölten vurn Ståadttheater gengan zwa Kammersänger spaziern und reden miteinaunda. Sågt da ane zum aundern: „Herr Kollege! Åb nächstem Monat singe ich im Ausland!" Sågt da Kollege: „Wie rücksichtsvoll!"

***

Peter

Es wår ein gaunz verliebtes junges Pärchen, und de måchn an Ausflug nach Tirol, so a Spritztour, ein verlängertes Weekend, und wias wieda zruck kumman, trifft sie sich mit ihra Freundin. Sågt de Freundin: „Håt er dir a den Wilden Kaiser zeigt?" Sågt sie: „Jå, de Sau. . ., scho in St. Pölten!"

***

Peter

A oids Ehepåår ist daham. Sie werklt draußn in da Kuchl herum, und er sitzt im Wohnzimma, in da beigen Schnürlsaumtgarnitur, in da geblumtn Jogging-Hosen und plågt sich oh mit da Zeitung. Schreit sie aus da Kuchl ausse: „Schatzi, wås soi i denn am Wochnend båcken?" Sågt er: „Am besten deine Koffer!"

***

Helmut

A älteres Ehepåår håt Süwane Hochzeit gfeiert. Wia de letzten Gäst weg wårn, legn si de zwa daunn nieda. Wia se so nebeneinaunda im Bett liegn, sågt sie zu eahm:„Schatzi, kannst dich noch erinnern wia ma dåmois då glegn san vur 25 Jåhr. War a sche. Åba dåmois håst di so liab zu mir zuwekuschlt." Då denkt er si, waunns a Freid håt, und kuschlt si wiada zu ihr zuwe. „Und daunn håst dåmois dein Årm um mi glegt." Nau, und er legt wiada den Årm um sie. „Und daunn håst ma a Busserl gebn." Und er gibt ihr a Busserl. „Und daunn - kaunnst di erinnern? - håst mi ins Uhrwascherl bissn!" Auf amoi steht er auf. Sågt sie: „Wo gehst denn hin?" Sågt er: „Ins Bådezimma, de Zähnd hoin!"

***

Peter

Då wår auch a älteres Pärchen, åba de zwa wårn gråd frisch verheirat und san beim Niedalegn und sitzn auf da Bettkantn, de zwa. Beim Ausziagn sågt sie: „Du Schatzi, i waß eh, wås du wüst, åba wart a bisserl. So viel Geduld muaßt du no aufbringen!" Sie nimmt de Perückn owe, legts ins Nachtkastl, nimmt de Wimpern owe, gibts eine ins Nachtkastl, nimmt de Zähnd ausse und gibts eine ins Nachtkastl, sie nimmt de Schaumgummipölster ausse und gibts eine ins Nachtkastl und sågt: „So Schatzi, jetzt kaunnst mi haum!" Sågt er: „Na, jetzt påck i des Nåchtkastl!"

***

Helmut

A Pärchen kummt zum Flughafn Wien Schwechat, mit dem Taxi kummens durt aun in letzta Minutn. Er rennt ausse wia a Wüda, 8 Koffer aus dem Taxi, schleppts irgendwia in de Halle eine, durt låßt er de Koffer foin, wischt si den Schweiß oh und sågt zu seina Frau: „Bumm, des is a Håckn. Jetzt wars klass, waunn ma des Klavier a no mitgnumma hättn!" Sågt sie: „Hear auf mit de bledn Witz, da haumma jetzt ka Zeit dazua!" Sågt er: „Des wår ka Witz, wäu am Klavier liegn unsere Flugtickets!"

***

Peter

Då steht a zlumpta Sandla in da Hoitestelle bei da Tramway am Nußdorfer Platzl und wårt auf de Tramway. Kummt ana daher, und da Sandla sågt zu eahm: „Hearn S, kennan S ma gach 20 Schülling fia de Tramway burgn?" Sågt er: „Tuat ma lad, i håb nua an Hunderta eingsteckt!" Sandla: „Is jå wurscht! Fåhr i mitn Taxi!"

Rudi
Sitzt a Sandla um neine vurmittåg auf an Parkbankl. Unterm Bankl war a Doppla, der wår scho hålbert gekillt. Auf amoi blendt eahm irgendwås, er steht auf, wåcklt durthin in sein Dusl, hebt des auf, is des a Philharmonika. Nau, der siecht den Philharmoniker und sågt: „Jessas na, a Philharmonika, aha! Soi i den jetzt vaessn oda vasaufn? Waßt wås, i wer des Glick entscheidn låssn!" Er nimmt den Philharmonika, haut eahm in de Luft, auf amoi fliegt er in de Hosn eine. Sågt er: „Jessas, auf den Trottl hätt i fåst vagessn!"

***

Peter
Då kummt ana aufs Magistrat und sågt zum Beaumtn: „Bittschen, i mecht gern mein Nauman ändern låssn!" Beaumta: „Nau, des geht net so afåch. Då kennt a jeda kumma um an aundern Nauman, da miassns scho an Grund dafia haum. Wia haßn S denn iwahaupt?" Sågt er: „Franz Årschgsicht." „Des is natürlich scho a Grund. Wia wollen S denn haßn?" Sågt er: „Kårl Årschgsicht!

***

Helmut
In da Volksschul frågt da Lehrer de Kinda nach dem Beruf des Vaters. Er kummt a zum klanen Franzi. Sågt er: „Franzi, was ist denn dein Papa von Beruf?" Franzi: „Mein Papa ist Portier in einem Puff!" Lehrer: „Geh bitte, sag deinem Papa, er soll morgen zu mir kommen!" Am nächsten Tåg kummt da Våta vom Franzi zum Lehrer und frågt ihn: „Is irgendwås mitn Buam?" „Na, eigentlich net, åba schaun S, waunn ma eahm nåch Ihnern Beruf frågt, daunn soll er doch sågn, Se san Portier in an Hotel!" „Wiaso, wås håt er denn gsågt?" „Nau, er håt gsågt, Se san Portier in an Puff!" „Geh hearns auf, des stimmt jå gar net! Da Bua geniert si so fia mi - i bin Åbgeordneter im Parlament!"

Rudi

Im Schulhof unterhoitn si zwa so Schulbuam. Auf amoi sågt da ane zum aundern: „Hearst, wia is denn des bei eich, miassts ihr vurm Mittågessn a imma betn?" Sågt da aundere: „Na, mei Mama kocht eh guat!"

***

Rudi

Stengan im Schulhof drei Buam. Sågt da erste: „Oiso, i muaß eich sagn, mei Papa is so wås von feig! Der is so feig! Jedesmoi, waunn er in Keller owegeht, nimmt er si a Tåschnlaumpn mit!" Sågt da zweite: „Geh, her auf! Du, mei Papa, der is no vü feigerer! Du, der is feigerer, des glaubst går net! Du, jedesmoi, waunn der in da Fruah weggeht, nimmt er si a Gwehr mit!" Sågt da dritte: „Ihr seids jå ålle zwa teppert! Meina ist da ållafeigeste. Weil jedesmoi, waunn de Mama furtgeht, geht er zur Nachbarin schlåfn!"

***

Helmut

In da Schul frågt de Lehrerin de Kinda: „Also bitte, was wollts ihr einmal werden?" Springt da klane Schurli auf: „Frau Lehrerin, i weiß genau, was ich werden will! Entweder ich werde Kunstmaler, oder Arzt oder, oder, oder Fensterputzer!" Lehrerin: „Also bitte, was willst du im Speziellen werden?" Schurli: „Des is ma wurscht! Hauptsåch, i siech nåckerte Weiba!"

***

Peter

Da Dr. Haider (FPÖ) håt in Klagenfurt a Rede ghoitn in so einem Saal, und de Tonaunlage ist leida ausgfålln. Gaunz hintn in da letztn Reihe steht ana auf und sågt: „Bitte dåhintn vasteht ma iwahaupt ka Wort net!" Steht ana in da erschtn Reih auf und sågt: „Då versteht ma ålles, tausch ma Plåtz!"

Peter

Då geht am Neubaugürtel ana spaziern, und es wår so ein milda Summa-Åbnd. Geld håt er in da Tåschn ghåbt und guat aufglegt wår er a und siecht de gaunzn Damen durt herumschwärmen. In seina charmantn Årt redt er ane aun und sågt: „Wås kost des?“ Sågt sie: „Tausend Schülling mit!“ Sågt er: „Mehrwertsteuer?“ Sågt sie: „Na, Gummi, du Trottl!“ „Auf des steh i iwahaupt net!“ „Ohne Gummi kosts 3 Tausenda!“ Nau, de san si haundlseinig. Nåch 10 Minuten is a wiada auf freiem Fuaß, sågt sie: „Nau, hoffentlich håst net Aids ghåbt, weil i wü mi net no amoi aunsteckn!“

***

Rudi

Då Chef ist bei seina Sekretärin und sågt zu ihr: „Also, i muaß Ihna sågn, eine ausgezeichnete Årbeit, nua drei Föhla! Jetzt probier ma des nächste Wurt!“

***

Rudi

Nach dem Diktat sågt da Chef: „Also haben Sie alles?“ Sågt de Sekretärin: „Sölbstvaständlich, Herr Direktor! Åba wås wår des zwischn Hochachtungsvoll und sehr geehrter Herr?“

***

Rudi

In ana Firma is a Akademika aufgnumma wurdn, so ein Magister juris, stöt si vur beim Chef, und der sågt: „Nau guat, Se san aufgnumma in da Firma. Oiso nehman S amoi den Besen und kehrn S des Büro!“ „Entschuldigen Sie, Herr Direktor, aber ich bin Magister juris!“ Direktor: „Nau gut, daunn geben S ma den Besen, i zag Ihna wias geht!“

Helmut
Då kummt a Maunn mit an Nåchtscherbn in d Apothekn. Sågt da Apotheker zu eahm: „Ah, sie woin sicha a Harnanalyse!" Sågt der: „No na, Brudåschaft wer i trinkn woin!"

***

Rudi
Fremdenverkehrs-Slogan von den Polen: „Kommen Sie zu uns nach Warschau - Ihr Auto ist schon hier!"

***

Helmut
Wissen Sie eigentlich, woran man erkennt, dass der erste polnische Kosmonaut im Weltall ist? Wäu da große Wågn föht.

***

Peter
Då redn zwa Burgenlandlar mitanaund. Sågt da ane zum aundern: „Gestern bin i mitn Traktor in a Radarfålln einegfåhrn." Frågt da aundere: „Håts blitzt?" Sågt er: „Na, gescheppert!"

***

Helmut
Im Wirtshaus im Burgenlaund sågt da Wirt zum Gast: „Ihrer Ausspråch nåch san Sie a Weana, gö?" Sågt da Gast: „Jå, des stimmt. Und ihren Fleischlaberln nåch san Se a Bäcker!"

***

Peter
In Eisenstådt geht a Mutti mit ihrn klan Buam in de Ordination vom Årzt und sågt: „So Franzi, jetzt steh amoi schen gråd, damit da Onkl Dokta siecht, wia schief du bist!"

Rudi
A Weana und a Burgenlandla san inhaftiert in so ana Håftaunstålt. Und wäus eahna aundere vurzagt haum, wia ma ausbricht, woins a ausbrechn. Åba sie woin net mit de Leintiachln ausbrechn, sondern iwa de Mauer. In da Nåcht, wias finsta wird, gengans zur Mauer hin. Da Weana hupft auffe, auf amoi heart da Wärta irgendwås und sågt: „Wer is denn då?" Måcht da Weana: „Miau" und hupft umme. Da Burgenlanda heart des und denkt si: „Nau leiwaund, nau is der super?" Da Burgenlandla hupft auf de Mauer auffe, auf amoi heart da Wärter wiada irgendwås und schreit: „Wer is denn då?" Sågt da Burgenlandla: „Noch eine Katze!"

***

Peter
A Burgenlandla is beim Eisfischn und håckt fest in de Eisflächn. Auf amoi hört er a Stimm: „Då gibts kane Fisch!" Er schaut ummadum, siecht niemaundn, håckt weida eine in de Eisfläche und heart wieda a Stimm: „Då gibts kane Fisch!" Er schaut auffe zum Himml und sågt: „Bist du vielleicht da liabe Gott?" Sågt er: „Na, i bin da Plåtzsprecha vom Eislaufverein!"

***

Rudi
Då treffen si drei Freind auf da Stråßn, de haum si scho laung nimma mehr gsehgn. Sågt da ane: „Hearst Gott sei Dånk, dass mia uns wieda amoi sehgn, des gfreit mi. Ihr seids jå ålle vaheirat so wia i. Ans intressiert mi. Wia sågts denn Ihr zu eichra Frau mitn Spitznauman?" „Naujå, wia såg i? Puppi, Puppi såg i. Net oft, åba hie und då. Wia sågst denn du?" „Schatzi, gaunz afåch Schatzi!" Da dritte steht danebn und sågt nix. Sågn de zwa: „Nau, wås is, du bist jå a vaheirat. Wia sågst denn du?" Sågt da Dritte: „I såg imma Spitzhackerl zu ihr!" Sågn de zwa: „Wiaso denn des?" „Naujå, Kraumpn trau i mi net sågn!"

Peter

A älteres Ehepåår wår in an Wirtshaus und geht ausse ausn Wirtshaus. Sågt sie: „So ein mieses Essen, oiso so ein Fraß!“ Sågt er: „Geh jå, håst recht, då hätt ma glei daham fressn kenna!“

***

Peter

Sitzt ein älteres Ehepåår zhaus im Wohnzimma, scho drei Stund in da beigen Schnürlsaumtgarnitur - kana redt a Wurt - a påtzn Stimmung. Auf amoi sågt sie: „Håst du wås gsågt?“ Sågt er: „Des wår gestern!“

***

Rudi

A Ehepåår sitzt beim Fernsehn, auf amoi sågt er zu ihr: „Oide, bring ma a Bier!“ Sågt sie: „Schatzi, då gibts doch a Zaubawurt mit zwa tt.“ Sågt er: „Jå, flott!“

***

Rudi

Wås ist frustrierend? Wenn a Maunn im erregtn Zuastand aun de Waund rennt und bricht si dabei de Nåsn!

***

Peter

A oides Mutterl kummt zu Årzt und wird untasuacht. Nåch da Untasuachung sågt da Årzt. „Es tuat ma lad, Se haum eine Thrombose, de miass ma operiern, åba des kost vü Göd.“ Sågt sie: „Wås sågn Sie, Herr Dokta?“ Sågt er: „Sie haum eine Thrombose! De müssen wir operieren! Åba des kostet viel Geld!“ Sågt sie: „Jå, jå, jå“ und geht zhaus, und ihr Maunn frågt: „Wås håt er denn gsågt, da Årzt?“ „Er håt gsågt, i håb a große Dose, de mecht er gern fotografiern, åba dås bringt vü Göd!“

Helmut

Am Laund draußt bei ana Taunzveraunstaltung spielt so a oide Herrenpartie lauta uroide Schlåger, und jede zweite Numma spüns: „Du schwarzer Zigeuner". Und da Kapellmasta singt des a volla Hingåbe. Des wird an jungan Maunn zbled, der kummt zuwe zum Kapellmasta, gibt eahm an Hunderta und sågt: „Herr Kapellmasta, allawäu spün S so oide Schinken, spün S amoi wås Moderneres. Kennen S nix von de Abba?" „Sehr gern, mein Herr. Abba du schwarzer Zigeuner!"

***

Peter

A Wiener måcht Urlaub am Wolfgangsee und steigt durt oh im Weißen Rössl und des Wetter war scheißlich, es håt imma nua gschitt, und da Portier vom Weißen Rössl mecht eahm a bisserl aufbaun und stöt eahm so eine scherzhåfte Frage: „Wås is des? Es is net mei Schwester, es is net mei Bruda und trotzdem is es des Kind meina Eltern?" Sågt da Wiener: „I waß net." Portier: „Nau, i bins." Wiener: „Nau, des ist lustig." Nåch dem klan Urlaub då fahrt da Wiener wiada zhaus und kummt in Wien in Hietzing in sei Staummbeisl eine und wü vua seine Freind a bissl glänzn und sågt: „Oiso huachts ålle amoi her. Wås ist des? Es ist net mei Schwester, es is net mei Bruda und trotzdem is es des Kind meina Eltern?" Sagen alle: „Nau, du bist as!" Sågt er: „Ihr seids jå lauta Trottln! Des ist da Portier vom weißen Rössl!"

***

Helmut

I håb glesen, in New York wird ålle hålbe Stund a Maunn iwafåhrn. Wia hoit der des aus?

***

Rudi

Då kummt a Maunn zum Årzt und sågt: „Herr Doktor, i håb ghört, Se tan so supa operiern. Se wissn, wegen wås i kumm zu Ihna? Wissen S, mei Frau håt ka Freid mit mia, i hätt hoit gern . . ., naujå, Se wissn scho, wås i gern hätt. I håb ghört, Se san Spezialist. Könntn S mi net operiern?" Doktor: „Nau, söbstvaständlich, kost zwår a bisserl a Göd, åba momentan håb i a große guade Auswåhl. I kaunn sehr wohl operiern, waunn S wolln, måch hna des glei heit, und Se wern sehgn, Se haum a riesn Freid!" Der wird operiert, am nächstn Tåg liegt er in sein Zimma, da Årzt kummt eine und sågt: „Nau, wås sågn S, is des net guat gelungen?" „Jå, Herr Dokta, des scho, åba hättn S net an weißn ghåbt?"

***

Peter
Då kummt a oida Tschecherant ins Kaffeehaus: „Geh, Herr Ober, bringen S ma gach a Malakoffturtn mit Schlåg!" Da Kellna kummt daher mit ana Malakoffturtn mit Schlåg, sågt da Gåst: „Na, bitte, i håb mas iwalegt. I geb Ihna de Turtn retour! Bringen S ma liaba an doppeltn Weinbraund." Da Kellna kummt daher mit dem doppeltan Weinbraund. Da Tschecherant stirzt den owe und wü aussegeh. Sågt da Kellner: „Nau, Momenterl. Den Weinbraund müssen S scho zåhln!" „Wiaso? Deshalb håb i Ihna jå de Turtn gebn!" Kellner: „Nau, de Turtn haums jå a net zåhlt." „Na, de håb i a net gfressn!"

***

Helmut
Eine Dame ist auf ana Diätfarm und zur Mittagszeit schre-its: „Hearn S, Herr Ober, bringen S ma a Teller, meins is jå gaunz nåß!" Sågt da Kellner: „Des is de Suppn!"

***

Peter
Då gengan zwa Tepperte durch de Wüste, und fiachterlich haß is und nix is zum trinkn då. Am drittn Tåg sågt da ane zum aundern: „Oida, in wöchem Knia håst du gsågt håst du Wåssa?"

Helmut
Wia haßn de Einwohna von da Wüste? Wüstlinge.

***

Rudi
Geht a Elefaunt in da Wüste, neben eahm im Schåttn rennt a klane Maus. Sågt de Maus: „Waunn da haß is, tua ma Plåtz tauschn!"

***

Peter
Då kummt a junga Maunn in de Apothekn und mecht a Kondom kaufn. Sågt da Herr Magister: „Welche Größe haum Sie denn?" „Naujå wissen Sie, naujå, i verwend des so seltn, naujå, wegen da Größe, naujå i waß net..." „Na, i seh schon, i muaß Ihnen då ein bisserl behilflich sein. Schaun Sie, wir haben hier ein Brettchen mit verschiedenen Löchern drinnen, und die Löcher sind natürlich numeriert und bitte, wenn Sie vielleicht in der Kabine Maß nehmen wollen." Der geht eine mit dem Brettl kummt ewig net ausse. Es vergeht a Viertlstund, zwanzg Minutn, der kummt net ausse. Nåch ana hoibn Stund wirds dem Herrn Magister zbled, und er klopft aun de Kabinentia. Kummt da junge Maunn ausse mit dem Brettl, mit an gaunz an hochrotn Schädl. „Des mit dem Kondom håt si erledigt. Wås kost des Brettl?"

***

Rudi
Då treffn si zwa Freind, sågt da ane zum aundern: „Hearst, i bin aungfressn. I waß net, wås i machn soi, åba i bring mei Oide net aun. Wås i scho ois probiert håb, hearst i brings net aun. De is hårtnäckig!" Sågt da aundere: „Hearst, i håb a Idee. I håb då wås gheart, des soll hundertprozentig funktioniern. Du muaßt dei Oide de nächsten 14 Tåg jedn Tåg fünfmoi lieben, und nåch de 14 Tåg gehts ex." „Habedere. Wås håst du jetzt gsågt? Fünmoi am Tag? 14 Tåg laung? Bist du narrisch? Des bringt jå ka Sau zsaumm. Åba guat, des is ma wert. I wers probiern." De veråbschiedn si. Nåch sechs Tåg treffn sa si wieda. Då ane kummt dåher, gaunz ohgschlaucht, de Augn hängan

eahm scho owe. Sågt da aundere: „Hearst, wia schaust denn du aus?“ „Du mit deine fünfmoi am Tåg. Waßt, wia des einegeht? Hearst, åba ans sag i da. I hoit durch, I hoit durch.“ Sågt da aundere: „Hearst, wia gehts eigentlich deina Oidn?“ „Nau de, hearst, de rennt den gaunzn Tag umadum, singt und låcht. Waunn de wissert, dass in åcht Tåg hin is!“

***

Peter

In de Apothekn kummt a alternative, junge Dame, gaunz schwarz aunzogn, ausgstellte Hosn, Plateausohln, an Ring in da Nåsn, an Ring in da Oberlippn und sågt zum Herrn Magister: „I brauch a Packl Tampons!“ Da Magister nimmt a Packl Tempo Tåschentiachln und legts aufs Pult hin. „Na, Se haum mi mißverstaundn. I brauch a Packl Tampons!“ Sågt da Magister: „Nein, jungeaDåme, i håb Sie scho richtig verstaunden. Ich dåcht nua, Sie wuzeln selba!“

***

Rudi

Då kummt a Finaunzbeaumta zu an Bauernhof und klopft aun. De Bäurin kummt ausse: „Wås woin S då?“ „Gnädige Frau, i bin vom Finanzaumt, i håb a Aunzeige gegen Sie vurliegn, dass Sie Schnåps brennan und kane Steuern åbliefern.“ Sågt sie: „Reden S kan Bledsinn hearn S, i brenn kan Schnåps, kennan S glei wiada ohreißn.“ „Gnädige Frau, so geht des net. Mia werdn jetzt im Haus a bisserl umadumschaun, ob ma wås findn.“ „Naujå, waunn S so vü Zeit haum, daunn geh ma hoit.“ De gengan durch des Haus, kumman in den Kella owe und findn wirklich so a klane Schnåpsbrennaunlåge. Sågt der: „Na schaun S, gnädige Frau, då haummas jå.“ „Wås haßt, då haummas jå? Glauben S ma doch, i brenn kan Schnåps.“ „Gnädige Frau, des Gerät haum S då!“ „Wissen S wås? I werd mi bei Ihnern Chef beschwern. Sie haum mi vergewåltigt!“ „Gnädige Frau, i håb Ihna doch net vergewåltigt!“ „Åba des Gerät haums då!“

Rudi

A Jugo is aungstellt wurdn als Zähleråbleser beim E-Werk. A sehr verauntwortungsvolla Postn, waunnst mitn Tascherl herumrennan kaunnst. Der läut aun bei da Gemeindebautür Nr. 7. De Dame kummt durt ausse und sågt: „Guten Tag, Sie wünschn?" „Guten Tag, wiaviel Nummern du machen bei Licht?" „San sie teppert? Wås woin Se då?" Sie geht eine zum Oidn ins Wohnzimma und sågt: „Du, då is ana draußn, so a Ausländа, der fragt mi „Wiaviel Nummern du machen bei Licht?" Eine Frechheit!" Sågt er: „Puppilein, i wer des scho erledign. I werd des scho måchn!" Er geht ausse und sågt zu dem: „Hearst du, waunnst so teppert daherredst, hau i di glei iwa de Stiagn owe." „Du mich net Stiegen runterwerfen. Weil sonst kommen Chef, dir zwicken ab, Frau müssen Kerze nehmen und du net mehr Nummern machen bei Licht!"

***

Rudi

Ruft eine beim ÖAMTC an: „Hean S, kennan S ma helfn, i håb Wåssa im Vergaser!" „Sölbstvaständlich, wo stengan S denn?" „In da alten Donau!"

***

Helmut

Reden zwa Gärtner mitanaunda, sågt da ane zum aundern: „Wiaso håst denn du a blaues Aug?" „Nau, mei Frau is am Rechn gstiegn!" „Nau und, då håst du a blaues Aug?" „Jå, weil i glåcht håb!"

***

Rudi

Då treffn si zwa Freindinnen, de ane kummt mit so ana blauen Gucken aun. Sågt de aundere: „Hearst, wia schaust denn du aus?" „Jå waßt, des håb i von mein Maunn!" „Geh, hear auf. I håb glaubt, der is auf Gschäftsreise?" „Jå, des håb i a glaubt!"

Peter

Aun da alten Donau sitzt a Fischer und fischt und ziagt auf amoi an Fisch ausse und wü dem Fisch ane am Schädl haun. In dem Moment faungt da Fisch aun zum Sprechn und sågt: „Bitte, liaba Fischa, erschlåg mi net, du hast bei mir drei Wünsche frei, åba es muaß gaunz schnö geh, weil sonst erstick i aun da Luft und du muaßt mi glei wiada ins Wåssa werfen!" Då Fischa denkt oiso gaunz gschwind nåch: „Wås brauch i denn? Nau guat, a Schloss hätt i gern, und reich mecht i gern sein und a Prinzessin hätt i gern!" Er schmeißt den Fisch wiada ins Wåssa. Am nächstn Tåg wird da Fischa munta, schaut zum Plafond und siecht lauta Stukkatur und gschliffane Lusta. „Supa, des is des Schloss." Schaut auf de Seitn umme, siecht in ana Vitrine lauta Brüllantn. „Des ist da Reichtum, a Wauhnsinn!" Zwa Zimma weida kummt eahm a Prinzessin entgegn und sågt: „Franz Ferdinand, mach di fertig, murgn fåhr ma auf Sarajewo!"

***

Rudi

Da klane Franzi kummt eines Tåges von da Schule ham und sågt zum Papa: „Du Papa, mia haum heit von da Frau Lehrer wås gheart iwa Politik. Du Papa, i håbs åba net vastaundn. Kaunnst mia du erklärn, wås Politik is?" „Naujå waßt, i kaunn dir des nua von meina Warte aus erzöhn, wia i des vasteh. Politik naujå, oiso paß auf: Ich geh imma årbeitn, das heißt, i bin sehr fleißig, i verdien auch vü Geld dafia. Das heißt, i bin da Kapitalismus, wäu i des Geld håb. Daunn geb i des Geld da Mama, de gibt meistens mehr aus, ois sie håt, oiso is sie de Regierung. Du bist da Nutznießer von dem Gaunzn, oiso bist du des Volk. Und unser Kindamadl, de årbeit jå sehr fleißig, de ist de Årbeiterklasse, und dei klana Bruda, da Maxi, der is de Zukunft. Kennst di aus?" „Åba Papa, des is jå so schwer!" „Weißt wås, vurm Schlafngehn denkst no amoi nåch, wås i dir gsågt håb. Daunn verarbeit des Gehirn iwa Nåcht deine Vurstellungen, und in da Fruah wirst a bisserl wås wissn. Wås du net waßt, sag i dir in da Fruah beim Fruahstuck, und daunn kaunnst da Lehrerin erklärn, wås

Politik is.“ „Jå Papa, des måch ma!“ De gengan ålle schlåfn. In da Nåcht wird er munta, weil sei klana Bruda schreit. Geht er hin zum Bett vom klanan Maxi und merkt, dass si da Maxi aungschissn håt. Er rennt ins Schlåfzimma zu seine Eltern, liegt nua de Mama im Schlåfzimma und schlåft tiaf und fest. Er beutlt de Mama, de wird net munta, de schlåft. Er wü zruck in sei Zimma geh und kummt am Zimma vom Kindamadl vurbei. Durch des Schlisslloch leucht a Licht aussa, und er schaut durch. Auf amoi siecht er, wia da Papa am Kindamadl drauf is. Nau, da Franzi pumpert aun de Tia. De ignoriern eahm, er pumpert und pumpert, åba de ignoriern eahm. „Wås måch i denn jetzt? Kana heart mi. Nau, daunn geh i wiada schlåfn.“ In da Fruah wird er munta und rennt sofurt in de Kuchl, wo ålle beim Fruahstuck sitzn. Da Papa sitzt scho durt und sågt glei zu eahm: „Nau, håst jetzt mitkriagt, wås Politik is?“ „Jå, Papa, i glaub, jetzt waß is. Politik is, waunn da Kapitalismus auf de Årbeitaklasse druckt, während de Regierung schlåft, des Volk wird ignoriert und de Zukunft is beschissn!“

***

Rudi

Geht a Maunn südlich der Donauinsel entlaung ins FKK-Gebiet. Auf amoi kumman eahm scho de erschtn Nåckertn entgegn. Denkt er sie: „Ohje, und i renn då mit mein Gwaund umadum, åba ausziagn trau i mi a net.“ Er geht åba trotzdem weida. Auf amoi trifft er an Freind von eahm, der kummt a nåckert daher. Sågt er: „Hearst servas, wia schaust denn du aus? So klein und scho untawegs!“ „Wås haßt klein und scho unterwegs? Mia san imma då.“ „Seids imma då so nåckert, so vü auf da Donauinsel?“ „Jå, mia san a eigena Verein. Mia san de Donauinsel-Fummler.“ „Wås seids ihr?“ „Mia san de Donauinsel-Fummler, Mia san imma då!“ „Haßt des, dass då Fraun und Maunna und so ...“ „Jå, des is im Verein so üblich!“ „Hearst supa, kaunn i bei dem Verein net a beitretn?“ „Freilich, i håb mi eh scho gwundert. Dei Frau is scho seit zwa Jåhr dåbei!“

Helmut

Då sitzt a Ehepåår beim Fruahstuck. Er schaut beim Fenster ausse und sågt: „Heit ist a schöner Tåg. Heit ist ein schöner Tåg. Heit is wirkli ein schöner Tåg. Oiso heit is so ein schöner Tåg!“ Sågt sie: „Hearst, wås redst denn fia an Bledsinn zsaumm. Wårum sågst denn ständig desselbe?“ „Wäu du gsågt håst, du wirst mi eines schönen Tåges valåssn!“

***

Peter

A Musiker von den Philharmoniker, ein Hornist, muaß jedn Tåg am Åbend im Orchester sitzn, und des geht wochen- und monatelaung hindurch. Nie håt er an frein Tåg und amoi möcht er so gern an frein Tåg haum. Er sågt dåher zu sein Freind Kårl, dem Hausmasta: „Kårl, hearst, kånnst mi du net amoi im Orchester vatretn?“ Sågt da Kårl: „Hearst, des is unmeglich. I kaunn kein Horn blåsn, i kaunn kane Notn lesn. I kaunn di sicha net vertretn.“ „Nau wart amoi. Bei uns bei de Philharmoniker ist des aunders. Då spüt net nua ein Hornist, mia san åchte, und ob jetzt siebane oda åchte spün, is wurscht. Du mußt nua aufpassn, waunn de aundern des Instrument aun den Mund setzn, muaßt du a des Horn aun den Mund setzn. Und waunn sies wieda owelåssn, muaßt desselbe tuan.“ Nau, da Hausmasta läßt si ein auf des Risiko. Am nächstn Tåg treffn sa si wieda. Sågt da Musiker zum Kårl: „Wia wars?“ „Furchtbår, des wår so peinlich. Es wår ein Albtraum, nie wieda im Leben måch i sowås!“ „Wieso, i håb da ålles erklärt!“ „Jå, åba mia wårn åcht Hausmasta!“

***

Rudi

Då sitzt a Maunn bei da Donauinsel und schaut so auf de Donau ausse und sågt: „Sensationell, sensationell, sensationell, sensationell!“ Geht ana vurbei und sågt: „Hearn S, wårum sågn S dåuernd sensationell?“ „Nau, des is sensationell, gestern håt mei Oide schwimmen glernt, heit taucht sie scho a Stund!“

Rudi
Es gibt zwa Årtn von Fraun. De an san a Gedicht und iwa de aundern kaunnst da kan Reim måchn.

***

Rudi
Freitag auf d Nåcht. Da Maunn wü ham kumman. Geht åba net. Ma muaß jå no schnell auf a Achterl beim Wirtn vurbeischaun. Beim ersten Achterl denkt er sie: „Naujå, de Oide kocht daham, da wirds a Papperl geben. Naujå, a Achterl trink i no!“ Er trinkt des zweite Achterl. Nåch dem zweiten Achterl denkt er si: „Hätt eh nix ghaßn, des Fressn daham. Daunn trink i no a Achterl!“ Er haut des dritte owe und daunn wü er eh nimma ham. Wias hoit so is. Es werdn hoit zehn und zwölf Achterln, und es is scho zwa in da Fruah. Er wåcklt ham, wia ma hoit so is nåch zwölf Achterln. Er sperrt de Tür auf daham, wåcklt durch des Wohnzimma, geht in de Kuchl, måcht den Eiskåstn auf und sågt: „Scheiße, ka Bier im Haus!“ Haut den Eiskåstn wieda zua, wåcklt wieda ins Wohnzimma und geht ins Dråchenzimma, weil er wü jå schlåfn gehn. Sie steht mitn Nudlwalker hinter da Tia. Sågt er: „Oide, du bist beinaund. Ka Bier im Haus, und du kaufst neiche Möbel!“

***

Rudi
In da Fruah steht a Pärchen auf. Er håt no a bisserl an Spiegel von gestern (åba net zum Eineschaun). Er sågt: „Guten Morgen!“ Sie: „Guten Morgen, jå wår des gestern notwendig?“ „Jå, fia mi scho.“ Sie setzn si ålle zwa zum Fruahstuck. Auf amoi schaut er sie aun und sågt: „Oide, haha, waunn i di so aunschau, du schaust aus wia de Tour de France.“ Sie: „Wås soi denn des haßn?“ „Naujå, wia 14 Tåg einetretn!“ „Nau, du brauchst wås redn, hearst. Du gemeina Kerl, du. Waunn Du so Radl fåhrn kenntast wiast deppert bist, miasserst den Glockner bergauf bremsn!“

Rudi
Beim Fruahstuck sitzt a Ehepåår und streitt. Er sågt: „Den Kaffee trink i no, daunn geh i." Sie: „Tschüss!" Er geht owe auf de Stråßn und wü zum Wirtn geh, wo de Freind scho mit ana Kårtnpartie wårtn. Auf dem Weg zum Wirten geht er no beim Billa vurbei. Durt kummt a Freind von eahm ausse, und de begrüßn si. Sågt er: „Hearst servas, i woit gråd zum Wirtn geh, åba guat, dass i di triff, i muaß da wås darzöhn von daham. Waßt eh, i bin a bisserl aungfressn. I wår gestern a bisserl furt, naujå waßt eh, åba in da Fruah vertrog i mei Oide net. Verträgst du deine?" „Jå." „Nau, i håb mei Oide jå wirkli sehr gern, wirklich, ih liebe sie. Åba in da Fruah gehts ma am Wecka. Åba sonst sexuell verträg i mi mit ihr sehr guat. Vielleicht kummt des deshalb - i waß net, wia des bei dir wår -, åba i håb vur da Ehe mit meina Frau kan Sex ghåbt. Und du?" „I waß net, wia dei Frau friaha ghaßn håt! Nau, mir geht's eh net besonders guat, i kumm nämlich gråd vom Årzt. Und jetzt wår i no beim Billa drin, damit i mi a bisserl stärken kaunn, weil da Årzt håt mi a bisserl aunzipft, und er håt gsågt, es schaut sehr schlecht bei mir aus. Rauchn derf i nix mehr, des Lungerl is scho a bisserl beleidigt, und tschechern dårf i a nua so a bisserl wås, so Gspritze, a bisserl a Bierli. Kane Schnåpserl derf i iwahaupt nimmer mehr." „Hearst du bist åba beinaund. Wia schauts denn mit dem Schnaxln aus, derfst des?" „Jå, des derf i scho, åba nua mei Oide, wäu i soi mi net aufregn dabei!" „I woit mi eh scho scheidn låssn, åba i trau mi net drüba. I vergleich imma de Fraun mit an Hurrikan. Denn waunns kumman, sans stürmisch und fesch, und waunns gengan, nehmans de Häusa und de Autos mit."

***

Helmut
Då sitzt da Huber-Bauer beim Frühschoppn in an Wirtshaus am Laund nebn dem Pfarrer. Sågt da Huber-Bauer zum Pfarrer: „Du Pfårrer, von wås kimmt eigentlich der Rheumatismus?" Pfarrer: „Des kimmt vom vülen Saufn, vom vülen Fressn und von de vülen Weiba. Håst es leicht scho årg?" Huber-Bauer: „I håbs iwahaupt net. I håb in da Zeitung glesn, da Påpst sois haum!"

Rudi

Nåch da deitschn Rechtschreibreform muaß ma si aunpassn: Alice im Wundalaund haßt jetzt net mehr Alice im Wundalaund, sondern: Dragica bei Billa.

***

Peter

Då wår a detscha Urlauba in Tirol, und der måcht Urlaub in so an klanan Tiroler Bergdörfl und schaut sie des Panorama aun und de Berge. Sågt er zum Gendarm danebn: „Können Sie mir mal sagen, wie heißt dieser Berg da?" „Wöchena?" „Recht schönen Dank auch!"

***

Rudi

A deitscha Urlauba geht in Tirol spaziern, måcht so a Bergwaundåarung, kummt eahm a Einheimischa entgegn. Sågt er: „Wunderschönen guten Tag bei diesen wunderschönen Bergen. Wunderbar. So viel Schnee, einfach so schön. Nur viele doofe Leute hier." Sågt da Einheimische: „Jå, åba de san in 14 Tåg wieda weg!"

***

Helmut

Es hoit a burgenländischa Gendårm an Låstwågn auf und sågt zu dem Schofför: „Jetzt såg i Ihna scho dreimoi, Se valiern Lådeguat!" „Jå und i såg Ihna scho dreimoi, des is a Streuwågn!"

***

Peter

Heia haums im Burgnlaund kane Zeckenplakate mehr aufhänga kenna. Wäu vurigs Jåhr mit diesen teppertn Zeckenplakatn, då haum de Zecken bei de Laundtågswåhln 5% gmåcht.

***

Peter

„Bei de Burgenlandla fladerns so vü in de Supamärkte, gaunz besonders beim Hofer." „Wiaso beim Hofer?" „Nau, wäu der bülliga is!"

Helmut
Zwa Burgenlandla wårn des erschte moi in Wien und sitzn am Donauturm im Restaurant und essn wås und genießn de herrliche Aussicht. Auf amoi sågt da ane zum aundern: „Du Kårl, i glaub, i miaßert dringend aufs Häusl." Sågt da aundere: „Du, i eh a. Wo is denn des?" „I woaß net. Fråg ma den Ober." Sie frågn den Ober und der sågt: „Erschte Tia rechts, åba Vursicht, zwa Stufn!" De gengan de erschte Tia links, kumman ins Freie, fliagn owe. Wias untn san, steht da ane auf und sågt: „Du Kårl, i måch glei då her, wäu de zweite Stufen påck i nimma!"

***

Rudi
Då klane Franzi geht mit sein Papa auf da Stråßn spaziern, auf amoi siecht er zwa Hund durt gråd wås måchn. Sågt da klane Franzi zum Papa: „Du Papa, schau de Hund aun. Wås måchn de zwa då?" Papa: „Naujå waßt, naujå, de måchn a klans Hunderl, a liabes klanes Hunderl!" „Des is åba liab, Papa!" De zwa gengan ham. Am Åbnd liegt da Franzi im Bett, heart a Geräusch, steht auf, geht ins Schlåfzimma und siecht, wia da Papa auf da Mama drauf is. „Jå, Papa, wås måchst du denn då mit da Mama?" Papa: „Naujå, waßt du, naujå, mia måchn a klans Putzerl. A liabes klanes Putzerl." „Papa, drah de Mama um, i hätt lieba a klans Hunderl."

***

Rudi
Treffn si zwa 80jahriche, de si scho laung net gsehgn haum. Sågt da ane zum aundern: „Jå, servas Pepi. Dass i di no amoi siech, nau, des gfreit mi. Wia gehts da denn?" „Naujå, mir gehts guat. Du, i bin no beinaunda, des glaubst net. Åba wäu i di gråd siech, Kårli, haum mia net friaha a Theata ghåbt? Kånnst di no erinnern, wia ma oft gwett haum, wer weida wischerln kaunn?" „Jå, jå, wås hoitst denn davon, waunn mas heit no amoi probieren?" „Jå, i bin dabei. Setz ma ei." De setzn ålle zwa ei und faungan aun. Auf amoi sågt da ane: „Ui, Karli, jetzt håb i ma auf de Schuach gwischerlt." Sågt da aundere: „Håst scho gwunna!"

Rudi

Då kummt a Maunn zum Friseur, setzt si in den Stuhl und sågt: „Rasiern". Sågt da Friseur: „Ich muaß Sie auf etwås aufmerksaum måchn. Mia san mit da Kalkulation net mehr durchkumma, und de Rasur dauert normalerweise zu laung. Deswegn haumma jetzt an Apparat aus Schweden kriagt, då geht des in ana hoibn Minutn. Se brauchn nua hingehn, durt steht er, gebn Sie des Kinn hinein, daunn kummt von obn a Messer, von links a Messer, von rechts a Messer, von unten a Messer. Sie werden sehgn, in ana hoibn Minutn san S rasiert." „Hearn S, des is a Bledsinn. De Männa haum doch ålle a aunderes Kinn!" „Jå, vurher!"

***

Peter

A Ferienschiff fåhrt am Mittelmeer und kummt in an fiarchtalichn Seegaung, und des Schinakl hauts hin und her, und de Passagiere rennan ålle rauf aun Deck und schrein: „Des Schiff geht unta, des Schiff geht unta." Sitzt ana in da Eckn, gaunz grün im Gsicht und sågt: „Gott sei Daunk!"

***

Helmut

Då kummt a Stotterer in a Bar, setzt si hin und sågt zu dem Barkeeper: „Geh bi-bi-bi-tte-tte bri-bri-bringens ma ei-ei-einen do-do-doppelten Whi-Whisky." Sitzt dånebn a aunderer und sågt a zum Barkeeper: „Und mi-mi-mir ge-ge-gebens a glei an do-do-doppelten Whi-Whisky." Sågt da Stotterer: „Des is a-a-a-ber net schön, da-da-dass sie mi då au-au-ausspottn" Sågt da aundere: „I spo-spot-spott Ihna i-i-iwahaupt net aus. I re-re-red sö-sölber so." Auf amoi kummt a dritta eine und sågt zu dem Barkeeper: „Bitte einen doppelten Whisky!" Sågt da zweite: „Und mir gebn S a glei no an." Sågt da Stotterer: „Nau, nau, hå-hå-håb i do gw-gw-gwußt, da-dass Se mi aus-aus-ausspottn." Sågt da aundere: „Ihna net, den spott i aus!"

Rudi

Då sitzn drei Damen älteren Jåhrgaunges beinaunda. Auf amoi sågt de ane: „Oiso, i muaß eich sågn, i bin scho 67 Jåhr, åba man siecht mir des net aun. Und i bin a sehr spurtlich, i spü no imma Tennis. Åba i fråg mi hoit, wia laung no." Sågt de aundere: „Jå, des gfreut mi fia di. Åba i bin scho 72 Jåhr ålt und spü no imma Golf. A i fråg mi, wia laung no?" Sågt de dritte: „Jå, jå, i bin scho 90 Jåhr und no imma Jungfrau. I fråg mi a, wia laung no?!"

***

Helmut

Im Kraunknhaus läut des Telefon, de Oberschwester hebt oh, und a Männerstimm meldt si und sågt: „Schwester, können sie mir bitte sagen, wia geht's denn dem Herrn Obermaier von Zimmer 217?" Sågt de Schwester: „Wårten, da muaß i nåchschaun." Sie schaut nåch und sågt: „Jå, dem gehts eh gaunz guat, murgn kriagt er den Gips owe." Sågt de Männerstimm: „Und waunn, glaubn Sie Schwester, wird da Herr Obermaier entlåssn werdn?" „Naujå, so wias ausschaut, glaub i nächste Wochn. Wer spricht denn iwahaupt?" „Da Herr Obermaier, wäu mia sågt jå kana wås!"

***

Peter

So a typisches Wiener Hausmastaehepåår aun an Sunntåg Vurmittåg; sie wollt wås Ausgfållenes kochen - oiso Schnitzel mit Erdäpflsålåt. Wia sie des Schnitzel paniert, merkts, dass kane Erdäpfeln zhaus san und sågt: „Franzi, hearst geh gach aufe in 4. Stock zur oiden Prohaska, mit der ma scho seit 10 Jåhr bes san, åba de Oide hot imma so vü Erdäpfeln daham, und leich da gach aun Kilo Erdäpfeln aus!" Er geht ausse bei da Tia. Im erschten Stock denkt er sich: „Naujå, i wer aunläutn und sågn „Entschuldign Sie, Frau Prohaska, nix fia unguat, vageß ma, wås wår. Kenntn Sie so nett sei und mia vielleicht aus da Patschn helfn und an Kilo Erdäpfeln leichn?" Im zweiten Stock denkt er si „I wer mit da oidn Prohaska net so vü umadumredn. I wer afåch sågn „Frau Prohaska, i kumm um an Kilo Erdäpfeln." Im drittn Stock hängt eahm scho a bisserl de Zungan ausse, denkt er sich: „Wås soi i då laung tuan, i wer aunläutn und sågn „Frau Prohaska, her mit de Erdäpfeln." Im viertn Stock hängt eahm de Zungen ausse, da Åtem geht eahm aus, de oide Prohaska måcht de Tür auf, sågt er: „Wissen S, wås, Frau Prohaska, i scheiß auf Ihnare Erdäpfln!"

***

Peter

A Wiener måcht Urlaub im Burgenlaund, und wäu eahm a bisserl fad is, geht er ins Wirtshaus und kummt mit an Burgenlandla ins Reden und sågt: „Waßt wås, mir is då so fad, måch ma so bisserl a Fråge- und Antwurtspiel. Du stellst ma a Fråg, und waunn i sie beantwurtn kaunn, daunn gibst ma 10 Schülling, und waunn i sie net beantwurtn kaunn, daunn kriagst von mir glått aun Tausnda." Sågt da Burgenlandla: „Des måch ma. De erschte Fråg güt glei. Wås is des? Es is rot und flåch wia a Teller und liegt auf da Erd, auf amoi steigts auf, fliagt an Meter ume, wird gaunz gelb und geht wieda auf de Erd owe." Sågt da Wiener: „Hearst, pass auf, des waß i wirkli net. Då håst an Tausnda." Sågt da Burgenlandla: „I woaß a net. Då håst an Zehna."

***

Rudi

Då kummt a Dåme zum Zauhnårzt, setzt si in den ominösen Stuhl, da Stuhl wird gekippt, und da Årzt sågt: „Gnädige Frau, i håb vurher des Röntgenbild angschaut, mia werdn a bisserl bohrn miassn. Des oide Plomberl ausse, daunn wer ma a bisserl tiafa bohrn, und des neiche eine. Des wird a bisserl weh tuan, åba mia werdn des scho hinkriagn." „Herr Dokta, muaß des sein, de tepperte Bohrerei? Des tuat jå eh so weh!" „Gnädige Frau, des muaß sein, kumman S, geh mas aun." Då Arzt setzt den Bohra aun, auf amoi spürt er ihre Haund zwischn seine Fiaß. „Gnädige Frau, wås soi denn des?" „Gö, Herr Dokta, mia werdn uns do net gegnseitig weh tuan woin?!"

Rudi

A Ehepåår sitzt beisaummen, sågt sie: „Du Schåtzi, mia haum do nächste Wochn unsern 25. Hochzeitståg. Du, manst net a, dass ma wieda in de Ståadt fahrn soitn, wo ma Hochzeit gfeiert haum und daunn in des Zimma geh, wos so schen wår?" „Jå, waunn da nix Bessers einfoit, daunn fåhr ma hoit." De fåhrn wieda duat hin, feiern herrlich ihren 25. Hochzeitståg. Nåchher gehns ins Zimmerl auffe und legn si ins Bett. Sågt sie: „Du, Schåtzi, wås i di frågn woit. Wås håst da eigentli vua da Hochzeitsnåcht so dåcht?" Sågt er: „Schatzi, des kaunn i da so net sågn." „Na geh, nåch 25 Jåhr is eh wurscht." „Naujå guat, i håb ma denkt, heit treib is mit dir, bist teppert wirst." Sågt sie: „Und heit?" „Heit waß i, dass ma gelungen is!"

***

Peter

Då schaut si ana am Nåchmittåg an Sexfilm aun, und am Åbnd, wia er zhaus kummt, is er gaunz aufkråtzt und narrisch und rennt sofurt ins Schlåfzimma und hupft auf sei Frau auffe. Nåch ana hoibn Stund is eahm leichta. Er geht in de Kuchl ausse und wü si a Bier nehma, und er traut seinen Augn net. Am Kuchltisch sitzt seine Frau und lest a Kreizwurträtsel. Er glaubt, er is teppert wurn. Er draht um, geht no amoi zruck ins Schlåfzimma, draht des Liacht auf, liegt im Bett sei Schwiegamutta. Sågt er: „Jå, Mama, wiaso håst denn nix gsågt?!" „Mir redn jå sunst a nix mitanaunda!"

***

Helmut

Då redn zwa Stotterer mitanaunda, sågt da ane zum aundern: „Pa-Pa-Paß auf, i w-w-wett mit dir u-um a-an Tau-Tau-Tausenda, dass Du in d-d-er Tr-Trafik ka P-Pa-Pa-Packerl Zi-Zigaretten ver-verl-verlaunga kaunnst oh-ohne, dass du st-st-stotterst!" Sågt da aundere: „Ha-ha, des kaunn i." Der geht eine in de Trafik und reißt si zsaumm. Er klåmmert si aun, schwitzt a bisserl und sågt klår und ohne zu stottern: „A Packl Camel!" Sågt da Trafikant: „Mit oda ohne Filter?" Sågt er: „Å-Å-Å-Å-Årschloch!"

Peter

Då fliagt a großes Verkehrsflugzeig von Europa nåch Amerika iwa den Atlantik, und da Ålbtraum von an jedn Fluggåst, dass in so ana Situation a Motorschådn ist, tritt ein. Da Flugkapitän bereitet de Passagiere auf a Notlaundung vua, und de san natürlich ålle fertig mit de Nervn und total erledigt. In da erschtn Reih wird a Frau gaunz hysterisch und reißt si des Gwaund vom Leib und is splitternåckert und schreit: „Amoi mecht i no Frau sein!" Ziagt si ana in da 6. Reih aus, haut des Hemd und de Hosn vua de Frau und schreit: „Wåschn und Bügeln!"

***

Peter

Zwa Sandl werdn am Kårlsplåtz perlustriert. Sågt da Polizist zum erschten: „Wo wohnen Sie?" Sandler: „Nau, nirgends!" Sågt da Polizist zum zweitn Sandla: „Und wo wohnen Sie?" „I bin sei Nåchbar!"

***

Peter

Då lahnt a Sandla auf ana Parkbaunk und laßt si sonnen. Då kummt a sehr hübsches Mädchen und setzt si dåzu. Er ruckt zu ihr zuwe, und sie ruckt vom eahm weg. Sågt er zu dem Madl: „Entschuldign Sie, woin Sie vielleicht gach mit mir schlåfn?" Sågt sie: „Sind sie verrückt Wia kommen Sie darauf?" „Nau, daunn ausse aus meina Hapfn!"

***

Peter

Sågt a Polizist zum Sandla: „Können Sie sich identifizieren?" Sågt da Sandla: „Moment, Moment." Greift eine in sein Mauntl, suacht umadum, ziagt an klan rundn Spiagl ausse, schaut eine und sågt: „Jå, i bins!"

***

Helmut

Då sitzn zwa Sandla auf an Bankl, kummt a Klostaschwesta mit an Gipshaxn vurbei. Sågt da ane zum aundern: „Schau her, de Schwårze durt, de Schwester, håt an Gipshaxn.

Wia kummt a Klostaschwesta zu an Gipshaxn?" „Nau, frågs doch!" Da Sandla steht auf, geht hin zu dera und kummt wieda zruck. Sågt da aundere: „Wås is denn passiert?" „Sie håt gsågt, sie is ausgrutscht in da Bådewaunn! Wås is a Bådewaunn?" Sågt da aundere: „Wås waß i, i bin net römisch-katholisch."

***

Helmut

Aun ana Villa klopft a Sandla aun de Tia. De Hausfrau måcht persönlich auf. Sågt da Sandla: „Bitte a Stückerl Brot." „Tuat mia lad, i håb nua an gaunzn Laib!" Då zahrt da Sandla 15 Scherzeln ausse und sågt: „Måcht nix, i kaunn wechsln!"

***

Rudi

A Berlinerin wår auf Urlaub am Bauernhof mit ihrn klanan Buam. Da Bua håt zufällig gsehgn, wia da Hauhn auf de Henn aufehupft und håt sei Mutta gfrågt: „Mutti, was macht der Hahn da auf der Henne?" Då håt da Bauer sie aussegrissn und gsågt: „Waßt, Burli, der stemplt de Eier oh."

***

Rudi

Kummt a Urlauba zum Frisör und sågt: „Bitte rasiern." Då spuckt da Frisör ins Safenschisserl und riahrt de Saf aun. Sågt da Urlauba: „Jå, måchn Se des imma so?" Frisör: „Na, den Einheimischn spuck i glei ins Gsicht."

***

Rudi

Woran erkennt ma, dass a Burgenlandla ins Internet eigstiegn is? Aun de Fuaßspurn am Bildschirm.

***

Rudi

Sitzt a älteres Ehepåår beim Fruahstuck, sågt er zu ihr: „Oide, mechast du eigentlich a Maunn sein?" Sågt sie: „Na. Und du?"

Helmut

Sitzt a oids Ehepåår am Åbend beisaummen. Sågt sie: „Schatzi, jetzt haumma åba scho gaunz laung nix mehr mitanaunda ghåbt. Waßt eh, wås i man. Glaubst wars net wiada amoi aun da Zeit?" Sågt er: „Nau, von mir aus. Waßt eh, wo ålles hängt."

***

Helmut

In an Kaffeehaus redn zwa Kellna mitanaunda, sågt da ane zum aundern: „I håb zu Weihnåchtn an Skisåck kriagt." Sågt da aundere: „Ist des so wås Ähnlichs wia a Tennisårm?"

***

Peter

Då fahrt ana mit dem Taxi in de Breitenfurter Straßn 378. De kumman durthin, und da Taxifahrer sågt: „130 Schülling." „Bitte fåhrn S a Stickerl zruck, i håb nua an Hunderta eingsteckt."

***

Rudi

Sågt a Maunn zu an Taxla: „Då haums 100 Schülling, hoin S mei Frau vom Westbauhnhof oh." Taxla: „Wås is, waunn de gnädige Frau net kummt?" „Daunn kriagn S fünf Hunderta."

***

Peter

Då fåhrt ana in Nußdorf in de engan Gasserln knåpp aun an Gehsteig vurbei und straft an Fuaßgänga, und da Fuaßgänga fliagt durt hin. Dem Autofåhra ist des sehr peinlich. Er bleibt sofurt steh und rennt hin und sågt: „Entschuldigen Sie, mia tuat des sehr lad. Kaunn i irgendwås fia Sie tuan?" Sågt da Fußgänga lallend: „Måchen S Ihna nix draus, mi hätts eh glei auf de Goschn ghaut."

Rudi
Sågt de Lehrerin zu den Kinda: „Liebe Kinder, ich stelle euch jetzt eine Frage und hoffe auf eine Antwort. Die Frage lautet: Was ist das? Es ist bunt und fliegt in der Luft?" Steht da klane Maxi auf und sågt: „Frau Lehrerin, das weiß ich! Das ist ein Buntspecht." Sågt de Lehrerin: „Ja, das ist richtig, aber es könnte auch a Schmetterling sein." Sågt da Maxi: „Frau Lehrerin, ich weiß auch eine Frage. Was ist das? Es ist klein, und wenn mans in den Mund nimmt, wirds größer?" De Lehrerin geht hin zu eahm, haut eahm ane owe. Sågt da klane Maxi: „Das ist richtig, aber es könnte auch ein Kaugummi sein!"

***

Helmut
Då kummt a Haundelsvatreta friaha ois geplant von da Geschäftsreise ham, und im Schlåfzimma im Bett liegt sei Frau mit drei Schwårze. Sågt er: „Na hallo, hallo, hallo!" Sågt sie: „Nau, und mi griaßt går net?"

***

Peter
A Wiener Ehepåår mächt Urlaub am Bauernhof in Tirol und sitzt gaunz gmiatlich in da Stubn. Da Bauer sitzt a beim Tisch dabei, und de Bäurin steht beim Herd und kocht. Auf amoi geht de Tür auf und da Knecht kummt eine wia a Wilda, fåhrt da Bäurin untern Kittl eine und purrt wieda ausse bei da Tia. De Wiener san gaunz fertig und vurn Kopf gstessn. Nåch ana Weil geht scho wieda de Tia, da Knecht kummt eine wia da Leibhåftige, fåhrt da Bäurin untern Kittel eine und purrt wieda ausse bei da Tia. Den Wienern steht da Aungstschweiß am Schädl. Da Bauer merkt des und sågt: „Da brauchn S Ihna kane Surgn nit machen, gell, de Bäurin, de håt an Holzfuaß, und da hängt da Schlissl vom Ståll drauf."

Rudi

Zwa Freindinnen treffn si auf a Tratscherl. Während sie so plaudern, rennt von da Wohnungsinhåberin da Hund vurbei, de aundere schaut auf den Hund: „Geh, såg amoi, wås is denn mit dem Hunderl, wås håt denn der da am Schwanzerl obn?" Sågt de aundere: „Wåßt, i war beim Tierårzt mit mein Hunderl - er liegt jå normal bei mir im Bett - und in da letztn Zeit håt er so vü gschnårcht, mei Hunderl. Und då håb i den Tierårzt gfrågt, wås ma da tuan kaunn. Und er håt ma gsågt, i soi a Lorbeerblattl nehma und soi eahms mit am Gummiringerl ums Schwanzerl umewickln. Da Geruch vom Lorbeerblattl måcht de Åtemwege frei, und er hert auf zum schnårchn. I håb des probiert, und der håt wirklich aufghert zum schnårchn! I håb so gut gschlåfn de gaunze Nåcht!" Sågt de aundere: „Hearst, des is intressant, wirkt des bei Menschn a?" „Des waß i net, i håb nua in Tierårzt gfrågt!". Denkt si de ane: „Des muaß i mit mein Oidn probiern, weil der schnårcht a imma so vü!" Sie geht ham, da Oide natürlich wieda net daham, wia imma, geht in de Kuchl, richt si a Lorbeerblattl und a Gummiringerl her, legt si ins Bett und wårt und wårt. Um Mitternåcht kummt er ham, wieda sternhaglvoi, ziagt si aus, haut des Gwaund iwas Bett, de Schuach haut er durchs gaunze Vuazimma, legt si ins Bett und faungt zum schnårchn aun. Sie denkt si „Jetzt muaß is probiern", rennt ausse in de Kuchl, hoit des Lorbeerblattl und des Gummiringerl, gibt de Deckn weg und wicklt eahm des Loorbeerblattl ume, deckt eahm wieda zua, legt sie nebn eahm und wårt, wås passiert. Auf amoi, nåch ana Viertlstund hört der wirklich zum schnårchn auf. „Mein Gott na, so schen wårs iwahaupt no net, endlich kaunn i schlåfn!" Schlåft herrlich ein. In da Fruah wird er munter vua ihr, streckt si amoi so richtig durch, auf amoi schaut er owe, „Öha! Wås isn des? I wår gestern mitn Pepi tschechern, des san Nåchwirkungen!" Rennt glei ausse ins Vuazimma zum Telefon und ruaft den Pepi aun: „Hearst Pepi, guat daß d scho munta bist. Hearst, mia wårn do gestern tschechern mitanaund?" „Jå, wår eh leiwaund!" „Hearst Pepi, wås i mi erinnern kaunn, mia san jå nåchn Tschechern no ins Puff gaungan, gell?" „Jå, wår eh leiwaund!" „Hearst Pepi, waßt du wås von ana Siegerehrung?"

***

Helmut

Treffn si zwa Freind nåch launga Zeit auf da Stråßn. Sågt da ane zum aundern:„Servas Kårl, laung håb i di nimma gsehgn, wia gehts da, wås måchst allawäu?" Sågt da Kårl: „Du, dånke, mia gehts sehr guat, i bin jetzt aun da Universität." „Du bist aun da Uni? Geh, wås machst Du durt?" Sågt da Kårl: „Ich trage vor !" „Wås, du bist Vurtragenda aun da Uni, bumm, wås trågst du vur?" „Aungewaundte Logik."
„Aungewaundte Logik, wås is des?" „Pass auf, i erklär dirs aun Haund von an Beispü: Håst du daham a Aquarium?" Sågt der: „Jå." „Siechst! Logischerweis håst Fisch. Wäust Fisch håst, mågst du Tiere. Wäust Tiere mågst, mågst du Lebewesn. Wäu du Lebewesn mågst, mågst Menschn. Wäust Menschn mågst, mågst natürlich Frauen. Wäust Frauen mågst, bist ka Wårma - und so kaunn ma des weida spinnen, verstehst mi?" Sågt da aundere: „Jå, du, des is klass". Der trifft in an Kaffeehaus an aundern Freind und darzöht eahm: „Du, stö dir vua, i håb den Kårl troffn. Der is aun da Uni und tragt durt vua, aungewaundte Logik." Sågt da aundere: „Wås isn des?" „Pass auf, i erklärs dir. Håst du daham a Aquarium?" Sågt der: „Na." Sågt da aundere: „Ha! Daunn bist a Wårma!"

***

Peter

Auf da Bundesstråßn in Tirol wår a Polizeikontrolle, ålle Autofåhr, de vurbeikumma san, san kontrolliert wurn. Und då kummt ana mit an riesichn Lkw daher, åba er kummt im Retourgaung. Sågt da Gendårm: „Jå, wia kumman Sie denn daher?" Sågt der: „Jå, da Chef håt gsågt, i soi auffe fåhrn ins Bergdörferle liefern, åba durt is ålles so eng, då kaunn ma mitn Lkw net umdrahn, gell, drum fahr i im Retourgaung auffe." Sågt da Gendårm: „Is går net so bled, fahren S weida!" Nåch ana hoibn Stund kummt der scho wieda daher mit dem riesichn Lkw, åba er kummt scho wieda im Retourgaung, sågt da Gendårm: „Jå, wås isn nåchher jetzt gschehgn?“ Sågt der: „Då Chef is a Trottl, då håt ma eh umdrahn kenna!“

***

Rudi

Då kummt ana ham, wia üblich - total fett -, haut sei Gwaund auffe am Håkn, Huat auffe am Håkn, wåcklt ins Wohnzimma eine, reißt si total zsaumm, volla Kråft hinein ins Dråchnzimma. Wia er einekummt und si in seina Fettn nebens Bett stöt, wird da „Grisu“ munta, reißt glei ålles auf, de Augn und de Goschn. Er schaut auffe: „Oide, Oide, i bin net würdig, dass i einkehr in dein Bett, åba sprich nua a Wurt und i bin wieda furt!“

***

Peter

Sitzen zwa Schwule in da Sauna und reden mitanaunda, auf amoi kummt dem an ana aus. Sågt da aundere: „Kaunnst glei offn låssn!“

***

Peter

Im Wiener Rathaus wår imma so a Griß um de Jobs, und da bemüht si a Herr um so an Postn und gibt an Lebnslauf oh. Und tatsächlich kummt es zum Vuasprechn, und da Personalchef - da oide Hofrat persönlich - empfaungt eahm und sågt: „Nach längerer Überlegung können wir Ihnen heute die Mitteilung machen, dass wir Ihre Dienste im Rathaus in Anspruch nehmen werden. Ihre Dienstzeit wäre jeweils Montag bis Freitag von 8 bis 12 Uhr mittags, weil Nachmittag haben wir immer frei.“ Sågt der: „Oiso, i freu mi wauhnsinnig, dass gråd i des glickliche Los zogn håb, åba bitte, in meina Genauigkeit is ma da a klana Fehler untalaufn. I sågs jetzt, es is mia sehr peinlich, i håb a Aungåb net gmåcht. I waß går net, wia i mi ausdrückn soi, des ist mir jetzt sehr unaungenehm, i man . . . ha, i sågs jetzt: I håb keine Hoden mehr!" „Des håt iwahaupt keinen Einfluß auf Ihre Årbeit, kumman S jedn Tåg statt um 8 um 9 Uhr!" „Wia soi i Sie da verstehn?" „Wäu von 8 bis 9 kråtz ma uns eh nua de Eier!"

***

Helmut

Då håts gschütt wia mit Schaffln, a Sauwetta wår, a richtiga Wolknbruch is niedagaungan. Läuts bei ana Haustia, da Hausherr mächt auf, steht vua eahm sei Schwiegamutta, schaut ers aun und sågt: „Jå, Mama, wås machst denn du bei so an Wetta auf da Gåssn? Geh ham!"

***

Rudi

A Architekt baut a Haus fia sich selbst. Wia er fertig is, lådnt er sein Freind auf Besuch ein, der kummt zu dem Haus. Wia er zu dem Haus kummt, denkt er sich: „Des gibts jå net, ist des de richtige Adress? Diafert stimman, des is jå unglaublich, då is jå ålles rund, da Gartn is rund, da Zaun is rund, des Haus selba is rund, des paßt jå iwahaupt net in de Gegnd!" Er läut aun, da Architekt kummt, begrüßt eahm volla Freid und sågt: „Kumm, i zag dir mei gaunzes Haus!" Fiahrt eahm umadum durchs Haus und fragt nåch da Führung: „Wås sågst zu mein Haus, håts da gfålln?" Sågt da aundere:„Nau jå, schen, jå, intressant, ihr Architektn håbts scho skurrile Ideen, i håb so wås net erwårtet. Bei dir is jå alles rund, des is jå unglaublich, von außn her scho rund und innen a, des Klo is rund, des Bådezimma is rund, de Kuchl, des Schlåfzimma is rund, såg amoi, wiaso håst denn ålles so rund gmåcht?" „Waßt, des håb i måchn miassn, wäu mein Schwiegamutta håt gsågt, waunn i mitn Haus fertig bin, wird scho wo a Eckerl fia sie frei sein!"

***

Helmut

A junges Ehepåår håt ihr erschtes Baby kriagt, es is a Bua wurn, den haum sa si gwunschn ghåbt, de wårn gaunz glicklich, haum de gaunze Verwaundtschåft einglådn, damit ålle kumman des Baby bewundern. Ålle san kumman. In da Verwaundtschåft wårn a drei oide Tantn. De erschte von den drei Tantn nimmt des Baby in de Haund, schauts aun, sågt: „Jessas, is des a schens Baby, der wird bestimmt amoi a Dressman!“ Nimmt de zweite Tant des Baby, schauts aun und sågt: „Schau dir diese stårkn Schultern aun, de der håt, und de dickn Wadln, des wird amoi a Sportgröße!“ Nimmt de dritte Tant des Baby, schauts aun: „Ihr håbts ålle zwa net recht, weil der wird amoi a Politíka!“ Sågn de aundern zwa: „Wia kommst denn auf des?“ Sågts: „Jå, wäu der låcht ma ins Gsicht und håt mi dåbei aungschissn!“

***

Peter

A Prominentenfriedhof, auf dem Politiker begråbn werden. Da Totengråba von dem Friedhof kummt aufd Nåcht zhaus, gaunz bes, gaunz aungfressen is er, haut si aufs Kuchlbankl. Sågt sei Frau: „Schatzi, wia schaust denn du drein, wås is denn los mit Dir, soi i da an Kaffee måchn, wüst wås essn?“ „Red mi net aun, bitte red mi net aun. Des wår a Tåg heit. In da Fruah håts scho so teppert aungfaungt, haumma drei Schwarze beerdign miassn. De Bluman, de Leit, des Gsangl. De Erdn wår feicht, des håt ålles a Gwicht, a påtzen Årbeit. Nåchmittåg wårs leichta, haumma zwa Rote ghåbt, de haumma vabrennt, åba de Åschn is gflogn, und i mitn Asthma, i håb mi vakutzt. Nåchmittåg um viere wü i hamgeh, bringans no an Greanen daher, den haumma jå kompostiern miassn!“

***

Rudi

De Polen bemühn si wirklich, de måchn uns Österreicha vü nåch. De måchn de gaunzn Krasverkehr wia bei uns. In Polen måchns es dopplt so groß, damits mit da Lenkrådsperre herum kumman! Oda de Tschechn mit eahnern Triathlon, zu Fuaß bis zur Grenz, mitn Radl bis Wien und mitn Audi A6 zruck !

Peter

De 10-Schilling-Münzn kummt im Himml, klopft aun, da Petrus måcht auf. Sågt da Petrus: „Wås willst du då?" „Petrus, i bin zu Grabe getragen wordn, i mecht eine!" „Selbstverständlich, komm herein!", måcht de Tia zua, auf amoi klopfts scho wiada, måcht da Petrus auf, steht a 5000er-Banknotn vua da Tia, sågt: „Petrus, i mecht eine!" „Du kannst nicht hier herein!" „Wiaso net?" „Du warst in keinem Opferstock !"

***

Helmut

Då håt a Wiener in ana Zeitung a Inserat glesn, dass a Bauernhof zu vakaufen is. Den intressiert des, der fåhrt durthin, da Bauer zagt eahm des gaunze Aunwesn, fiahrt eahm iwaroi herum. Då kummans a ausse auf de Wiesn, steht durt a großes Bienenhaus. Sågt da Wiener: „Bienen haum Se då?" „Wohl jå, de ghörn a dåzua!" Sågt da Wiener: „Nau, daunn kauf i den Hof net, weil i bin allergisch gegn Bienenstich, waunn mi a Biene sticht, i geh auf wia a Germtag, i hoit des net aus! I kauf den Hof net." Sågt da Bauer: „De Bienen då, de haum no nie wem gstochn, glaubn S ma des!" „I glaub S Ihna net, i kauf den Hof net!" Sågt da Bauer: „Ich måch Ihna an Vurschlåg, i bind Ihna aun ois a nåckerta auf an Bam, nebn dem Bienenhaus, und waunn Ihna innahålb von drei Stundn a oanzige Biene sticht, daunn schenk i Ihna den Hof !" Sågt da Wiener: „Des kemma probiern!" Der ziagt sie nåckert aus, da Bauer bindt eahm aun den Bam. Nåch drei Stundn kummt da Bauer hin, hängt da Wiener so in de Strick drin. „Um Gotts Wün, wås is passiert, håt Ihna a Biene gstochn?" Sågt der: „Na, åba då rennt a Kaibl umadum, håt des ka Mutta?"

***

Peter

Reden zwa burgenländische Bauårbeita auf da Baustell mitanaund. Sågt da ane zum aundern: „Hearst, kennst di du aus, wia geht denn des mit so ana Atombombn?" Sågt da aundere: „Des kaunn i dir scho sågn. A Atombombn, waunn de owekummt, måchts an Klescher, nåchher bin i weg, und bist du weg, de Mischmaschin is weg, ålles weg!“ Sågt da aundere: „Åba da gibts no ane, de Neu..Neu..Neutronenbombn, kennst di du då a aus?“ Sågt da aundere: „Neutronenbomben, waß i eh. Waunn de owekummt, måchts an Klescher, nåchher bin i weg, då bist du weg, åba de Mischmaschin, de bleibt då.“ Am nächstn Tåg treffn sa si wieda auf da Baustell. Sågt da ane zum aundern: „Du, då muaß no a Bombn gebn!“ „Wia kummst denn då drauf?“ Sågt der: „Weil i bin då, du bist då, åba de Mischmaschin is weg!“

***

Helmut

Sitzn a Wiener, a Niederösterreicher und a Burgenländer im Wirtshaus und reden iwa de Fraun. Sågt da Wiener: „I bin mit meina Fau net zfrieden, i bin sehr enttäuscht, wäu mei Frau betriagt mi offnsichtlich.“ Frågn de aundern: „Geh, mit wem?“ „Wåhrscheinlich mit an Tennislehrer, wäu i håb unterm Bett an Tennisschläga gfundn.“ Sågt da Niederösterreicher: „Jetzt kaunn is jå sågn, mei Oide haut mi a owe, und i glaub, mit an Golfprofi, weil i håb unterm Bett an Golfschläga gfundn!“ Sågt da Burgenlandler: „Jå und meine erscht, de haut mi gaunz sicher owe.“ Sågn de aundern:„Mit wem?“ „I glaub, mit an Pferd!“ „Mit an Pferd, wiaso?“ „Jå, wäu i håb unterm Bett an Jockey gfundn“

***

Rudi

A Burgenlandler kummt in sei Staummbeisl, auf amoi schaut er, stengan aun da Schaunk 22 Liliputaner. Sågt er zum Wirt: „Wås is, is da Wutzla hin ?“

***

Peter

In Wien steht in ana Autobushoitstell a Autobus von da Gemeinde Wien und da Buschauffeur wår so a typischa, aungfressana Wiener, zwiada wår er, a gaunz a beses Gsicht måcht er. A ältere, etwås nervöse Dame steigt ei und sågt: „Entschuldigen Se, Herr Buschauffeur, wia kumm i denn am schnellstn zum Zentralfriedhof?“ Sågt der: „Hauen S Ihna vua mein Bus !“

***

Peter

In Eisenstådt wårn zwa Mattersburger einglådn, und es wår sehr lustig, da Åbend is spät wurn, viel gsoffn is wurn. Leida is 1 wurn, und um 1 stengan de zwa bei da Autobushoitestell nåch Mattersburg, und da letzte Bus ist um 12 in da Nåcht weg gfåhrn. Sågt da ane zum aundern: „Nau, då schau her!“ Sågt da aundere: „Siech i eh, 1 is, wås mach ma jetza?“ Sågt da erschte: „Jetzt kemma nua zur Remis geh und an Autobus fladern!“ De zwa gengan zur Remise, da ane fåhrt ausse mit an Autobus, mitn zweitn, beim drittn Autobus sågt da aundere: „Du bist a schöna Trottl, wås brauch mia sovü Omnibus?“ „Net i bin a Trottl, du bist a Trottl, wäu da Mattersburger steht gaunz hintn!“

***

Rudi

A Ehepåår mācht mitanaunda Sex, gaunz naurrisch sans, weil scho laung nix wår. Auf amoi sågt sie: „Schatzi, Schatzi, sag wås Schmutziges zu mia!“ Sågt er: „Kuchl!“

***

Rudi

Då kummt a Frau zu ana Wåhrsågerin. Sågt de Wåhrsågerin zu ihr: „Oiso i muaß Ihna a traurige Mitteilung måchn, Ihr Maunn wird eines gewåltsaumen Todes sterbn!“ Sågt sie: „Nau, und werd i freigsprochn?“

***

Rudi

Kummt de Tochta zur Mama und sågt: „Mama, stö da vua, mei Maunn håt mi vur zwa Stund zum Teufel gjågt!“ Sågt de Mama: „Nau, und da kummst gråd zu mia?“

Rudi

Mittågszeit. Sågt sie: „Jå Schåtzimausi, mein Schnuckibinki, mei Herzipuppi, wås wüst denn z Mittåg papperln?" Sågt er: „Jå, sag amoi, seit waunn bist denn so freindlich zu mia?" Sågt sie: „Hoits Maul, i red mitn Hund!"

***

Rudi

Kennts Ihr eigentlich den Untaschied zwischen an guadn Jaga und an schlechtn Jaga? Da guade Jaga håt de Bichsn iwa da Schulter, den Håsn im Rucksåck, und da Hund steht bei Fuaß. Då schlechte Jaga håt den Håsn im Bett, de Bichsn in da Haund, und der Hund steht iwahaupt net!

***

Peter

A 80prozentiga Jaga håt so a Hiatl auf, wia unserana, an feschn Jågdjanka und dazua trågt er Blue Jeans und Tennisschuach. Daunn gibts den 100prozentign Jaga, der håt so a fesches Hiatl auf wia unserana, an feschn Jågdjanka, a Jågdhosn, Jågdschuach, a Gwehr, an Rucksåck - der is komplett, perfekt. Und daunn gibts no den 120prozentign Jaga. Der håt so a Hiatl auf wia unserana, an feschn Jågdjanka, Jågdhosn, Jågdschuach, a Gwehr und an Rucksåck, und zwa Freundinnan håt er. De ane håt a Håsnschartn und de aundre an Wolfsråchn.

***

Helmut

Hund san jå gaunz happich auf Briafträga. So a Briefträga is jå a Leibspeis fian Hund. Då geht so a årma Briafträga zu an Einfamilienhaus de Post zuastelln, geht durchn Gårtn, auf amoi kummt eahm von da Weitn so a riesige Dogge entgegn gesprungen, so a Kaibl von an Hund. Der bellt scho gaunz bes. Da Briafträga in seina Aungst kräut sofurt am nächstn Bam auffe, bleibt obn sitzn und zittert, weil untn springt da Hund auf den Bam auf und åb und bellt

LIMEX

Was Sie zum Thema Säure-Basen-Haushalt wissen sollten:
Bullrich bringt Sie ins Gleichgewicht.
Tabletten
Nahrungsergänzung mit 5 wertvollen Mineralien
BULLRICH'S VITAL
Zur gezielten Nährstoffversorgung mit Calcium, Kalium, Magnesium, Natrium und Phosphor. Unterstützt den Säure-Basen-Haushalt.
• 180 Basen-Tabletten
• inklusive pH-Teststreifen
Bullrich's Vital neutralisiert die überschüssigen Säuren im Körper mit einer speziellen Kombination basischer Mineralsto
Ihr Säure-Basen-Haushalt kommt wieder ins Gleichgewicht und Sie fühlen sich einfach vitaler. Probieren Sie es selb
Bullrich's Vital ist vom Gesundheitszentrum Lans, Innsbruck, geprüft worden.
sauer
Mit Bullrich geht's mir gut
basisch

Steckbrief

ame:
och immer Rudi Kandera
eburtsdatum & Ort:
lles schon vergessen...
ernzeichen:
und oder Hündin
eblingsspeise/Getränk:
ı viel oder alles was schmeckt
evorzugte Musik:
assisch

obbys:
iele Arten von Sport und Frauen
as bedeutet Glück für Dich?
*was zu haben oder bekommen was nicht
elbstverständlich ist.*
ie baust Du Stress ab?
dem ich schlafe.
elcher Versuchung widerstehst Du nicht?
einer, keiner.

as ist Dir peinlich?
emanden unrichtigerweise zu beschuldigen.
elche natürliche Gabe möchtest Du besitzen?
lles richtig und perfekt zu machen.
**er oder was möchtest Du gerne
n "nächsten Leben" sein?**
lit obiger Vorraussetzung - "ich selber".
**. die „Insel"-Frage.
elche 3 Dinge würdest Du mitnehmen?**
*h würde alles was ich habe auf 3 Schiffe
erladen, und diese 3 Dinge (Schiffe) mitnehmen.*

eine Lebensphilosophie?
esund und gut leben.

Einfach und unkompliziert geniessen

Fini's Feinstes Backteig-Geheimnis

Machts jetzt noch einfacher, die feinen Speisen mit köstlicher Knusperhülle im Nu auf den Tisch zu zauber

Mit Fini's Feinstes Backteig-Geheimnis gelingt die knusprige Hülle oder durch Wenden in Bröseln die feinste Panier – ga ohne Ei. Einfach Fini's Feinstes Backteig-Geheimnis und kaltes Wasser (aber auch Bier oder Wein) im Verhältnis 1:1 zu einem dickflüssigen Teig verrühren, die Speisen in den Teig tauchen (für panierte Speisen anschließend in Bröseln wende und ausbacken.

Fini's Feinstes Backteig-Geheimnis ist bei Spar, Inter- und Eurospar (NÖ und Wien), Merkur, Meinl am Graben, Magnet, Zielpunkt sowie Maximarkt erhältlich.

Rezept: Gebackenes Gemüse

Gemüse in mundgerechte Stücke zerkleinern und in Salzwasser bissfest kochen. Einen Becher Fini's Feinstes Backteig Geheimnis mit kaltem Waser (ev. auch Bier oder Wein) zu einem dickflüssigen Teig verrühren, die Gemüsestücke durch Backteig ziehen und in heißem Fett schwimmend goldgelb backen.

Dazu schmeckt auch hervorragend eine leichte Schnittlauchsauce – einfach Rahm mit Joghurt 1:1 mischen, frischen Schnittlauch dazugeben, mit weißen Pfeffer und Salz würzen.

Steckbrief

ame:

‹ Peter, aber einmal mit „s“ dran

eburtsdatum & Ort:

:hon sehr lang her, aber es muss in Wien ewesen sein

ernzeichen:

abe schon oft einen Stern gerissen, ber nie gezeichnet

eblingsspeise/Getränk:

icht viel, aber das Beste ıus dem Meer)

evorzugte Musik:

ırmusik, unbedingt leise

obbys:

le meine Hobbys haben sich mit den Jahren eändert - bis zum Golfspielen wirds aber och dauern

/as bedeutet Glück für Dich?

usgeglichenheit und Ruhe (für mich fast unerreichbar).

ie baust Du Stress ab?

h brauche Stress.

elcher Versuchung widerstehst Du nicht?

in letzter Zeit einem guten Espresso.

/as ist Dir peinlich?

iele österreichische Politiker.

elche natürliche Gabe möchtest Du besitzen?

ne milde Gabe.

/er oder was möchtest Du gerne ı “nächsten Leben” sein?

Reblaus.

die „Insel“-Frage.

elche 3 Dinge würdest Du mitnehmen?

/ein, Stoppelzieher, Gläser.

eine Lebensphilosophie?

..des wer´ ma schon schupfen”!

GUTEN APPETIT
wünscht Ihnen FRIVISSA
FRIVISSA
ungehärtetes Pflanzenfett
FRIVISSA
ungehärtetes Pflanzenfett
Ihr Spezialist fürs Backen, Braten und Fritieren

Steckbrief

ame:
einberger Helmut
eburtsdatum & Ort:
).8.1931, Wien
ernzeichen:
etaxa 5 Stern
eblingsspeise/Getränk:
rießkoch, Milch
evorzugte Musik:
ute
obbys:
andard Kreuzworträtsel

as bedeutet Glück für Dich?
Masel hab´n!
ie baust Du Stress ab?
TRESS ~~T~~RESS ~~R~~ESS ~~E~~SS ~~S~~S ~~S~~ - weg!
elcher Versuchung widerstehst Du nicht?
eischl mit Knödel.
as ist Dir peinlich?
eser Fragebogen.

elche natürliche Gabe möchtest Du besitzen?
ond wie eine Semmel sein.
er oder was möchtest Du gerne
n "nächsten Leben" sein?
h bin froh, dass ich mit dem „jetzigen"
albwegs zurecht komme.
die „Insel"-Frage.
elche 3 Dinge würdest Du mitnehmen?
n Schlauchboot, eine Luftpumpe und ein Ruder.
eine Lebensphilosophie?
rs mihi lex (Die Kunst ist mein Gesetz!).

Es gibt mehrere Gründe beim Seltisch in Stadlau einzukehren. Zwei der wichtigsten: die exzellente, bodenständige Küche und die vielen Veranstaltungen im Selitsch-Stadl Stadlau.

Nicht nur die Alt Wiener Küche, sondern auch die Saisonbedingten Spezialitäte werden von Selitsch sen. und Selitsch jun. mit ausgezeichneten Fachkenntnissen zubereitet. Zu den erlesensten Speisen zählen zweifelsohne c Rindfleischspezialitäten zubereitet vom Steirischen Almochsen aus St. Kathrein am Alpl.

Auch für seine Veranstaltungen ist der Selitsch berühmt: die 3 Stehaufmandln die Stoakogler, Edlseer und Mürztaler (u.v.A) sind gerngesehene Interpreten.

Ein freundliches Service ist so selbstverständlich, wie das gepflegte Zwettler Bi

Die erlesene Weinkarte erfüllt Ihre speziellen Wünsche.

Schon ein erster Besuch hat so manchen Gast zum Stammgast gemacht. Wir arrangieren gerne Ihr Fest. Beim Selitsch können Sie Räumlichkeiten für ein kleines Fest von 20 Personen bis hin zu Firmenfeiern mit 200 Personen reservieren.

Auf Ihren Besuch freut sich das

Stadlauer Vorstadtbeisl Selitsch
1220 Wien • Gemeindeaugasse 14
Tel.: 01/282 32 73 • Fax.: 01/280 20 20
vorstadtbeisl@selitsch.at
www.selitsch.at

und bellt. Schreit de Hausfrau vom Haus: „Herr Briaftråga, Se brauchn vua dem Hund ka Aungst haum, der is kastriert." Sågt da Briaftråga: „I håb jå a ka Aungst, dass er mi schnacksln wü, i glaub, der wü mi beissn!"

***

Peter

Zwa Jåger marschieren stundenlang durchn Wald . Auf amoi verspürt da ane a menschliches Rühren und haut si hinter a Gebüsch und schreit vur: „Hast a Papier?" Sågt da aundere: „Brauchst net einpacken, kannst liegenlåssn!"

***

Rudi

3 Jaga treffn si vurmittåg in an Gåsthaus, jeda håt sein Hund dabei ghåbt. Auf amoi sågt da ane Jaga: „I muaß eich sågn, mei Hund is a Wauhnsinn, der håt a Nåsn, de is großårtig! I bin in an Wåld gaungen, es war sehr kålt, a påår Minusgrade, auf amoi muaß i mi schneizn, nimm mei Tåschntiachl ausn Sack ausse, waßt eh, Tåschntuach von meina Frau, frisch gstickt, Initialn von ihr. Nimm is ausse und schneiz mi, geh nåchher zum Wirtn eine, muaß mi no amoi schneizn, auf amoi merk i, jessas, mei Tåschntiachl håb i net. Wo håb i denn des verlurn, kaunn nua im Wåld sein, åba wo?" I nimm mein Hund, laß eahm aunriachn am Såck, schick eahm furt, stellts eich vua, nåch zehn Minutn kummt der mit mein Tåschntiachl!" Sågt da aundere: „Des is net schlecht, åba ans såg i dir, meina is, glaub i, besser. I wår vua kurzem im Wåld, daunn geh i zum Wirtn, kauf ma a Bier, no a Bier und a dritts Bier, daunn will i zåhln, greif eine in Såck, mei Geldbörsl, wo is denn des? Des håb i do in da Fruah mitgnumma. Daunn kaunn is nua im Wåld verlurn haum! Wås måch i? I nimm mein Hund, låss eahm aunriachn am Såck, schick eahm furt, und stellts eich vua, nåch 20 Minutn kummt der mit mein Geldbörsl! Des is sensationell!" Sågt da dritte: „Waunns mi frågts: Meina is sicha da ållabeste! I wer eich a Beispiel erzöhn: Summa wårs, i geh mit meina Frau bådn, mia gengan in de Kabine, ziagn uns ålle zwa um und mittn im Umziagn merkt sie, sie håt ihr Bikinihoserl vagessn. Wås mach ma? I nimm

in Hund, låss eahm aunriachn, schick eahm furt." Sågn de aundern: „Geh, hör auf, håt ers Bikinhoserl bråcht?!" „Na, den Nåchbarn seine Finga!"

***

Helmut
Då kummt a ältere korpulente Dame mit ihra bildhübschn, jungen, schlaunken Tochta zum Årzt. Då Årzt schaut de Tochter aun und sågt: „Ziehen Sie sich aus, Fräulein!" Sågt de Mutta: „Moment, Moment, i bin de Patientin!" Sågt da Årzt: „Ah so, zagn S mia de Zungen!"

***

Peter
A junge Dame kummt in de Ordination vom Årzt und sågt: „Herr Dokta, Herr Dokta, mia wird nåch dem Essn dåuernd schlecht. Kaum håb i gessn, wird mir scho wieda übel, und nåch dem Essen auf amoi håb i an Gusto auf Schokolad, und daunn mecht i wieda a Gurkerl essn!" Sågt da Arzt: „Då wer ma Sie amoi untasuachn!" Nåch da Untasuachung sågt da Årzt: „Oiso, i kaunn Ihna sågn, Sie san schwaunga, i kaunn Ihna gratuliern!" Sågt sie: „Herr Dokta, des ist unmeglich, i leb in ana Kommune, und mia haum nua Augnkontakt!" Sågt er: „Daunn passn S auf, irgendwo muaß a Nudlaug dabei sein!"

***

Helmut
Kummt a Maunn zum Årzt und sågt: „Herr Doktor, i waß net, wås mit meina Frau los is, seit ungefähr an hålbn Jåhr vaweigert ma de jedn Sex. Ich håb seit an hålbn Jåhr kan sexuelln Kontakt mehr, und sie verråt mia net, warum. Ich håb keine Auhnung, kennan S mia helfn?" Sågt da Årzt: „Då miassn S Ihna Frau zu mia schickn, damit i mit ihr redn kaunn!" Der schickt sei Frau zum Årzt. Da Årzt frågt de Frau: „Ich håb von Ihnern Maunn ghert, dass Sie eahm seit an hålbn Jåhr jedn Sex vaweigern. Können S mia vielleicht sågn, wårum?" Sågt de Frau: „Des is so a blede Gschicht. I muaß in da Fruah imma sehr zeitlich in de Årbeit, und i bin a bissl a Brodlerin und brauch imma a bissl länga, und då

håb i ma a Taxi gnumma, damit i no zrecht kumm. Und wia i so im Taxi drin sitz, bemerk i, i håb ka Geld mit. Såg i zu dem Taxla: „Herr Taxla, i håb ka Geld eingsteckt!“ Sågt da Taxla: „Nau, waunn S ka Geld eingsteckt haum, miasn S aussteign oda ??????“ „Nau, håb i mi fias „oda“ entschiedn. Bin natürlich zspät ins Gschäft kumma, und da Åbteilungsleita håt gsågt: „Sie kumman zwanzg Minutn zu spät, des muaß i sofurt dem Chef meldn odå ??????“ „Håb i mi wieda fias „oda“ entschiedn. Auf d Nåcht bin i wieda mitn Taxi hamgfåhrn, då wår desselbe wieda, und so geht des seit an hålbn Jåhr. Herr Dokta, i kaunn mit mein Maunn nimma, i hoit des net aus!“ Sågt da Årzt: „Des versteh i scho. Soi i diese Gschicht so Ihnern Gattn darzöhn odå ??????“

***

Rudi

Kummt a Maunn zum Årzt und sågt: „Hern S, Herr Dokta, i wår no nie kraunk. Gell, des kaunn a net gsund sein!“

***

Helmut

A oids Muatterl is iwa de Stiagn owegfålln und håt si den Fuaß furchtbår vastaucht. Da Årzt vapaßt ihr an festen Verbaund und sågt: „Muatterl, drei Wochn kane Stiagn steign, gell!“ Nåch drei Wochn ruaft des Muatterl beim Årzt aun: „Herr Dokta, kaunn i jetzt scho wieda Stiagn steige? Weil des blede Auffe- und Owekräun auf da Dåchrinnan geht ma scho auf de Nervn!“

***

Rudi

Då Opapa liegt im Spitål. Neben eahm sitzt de Omama und hoit eahm zittrig des Handerl. Auf amoi geht de Tia auf, kummts Enkerl eine und schreit: „Opapa, Opapa, i waß wås! Bei dein Begräbnis spüt a große Kapelle!“ Sågt de Omama: „Wiast a Ruah gebn, des soit do a Iwaråschung sein!“

Peter

Då geht ana zum Årzt, da Årzt is a oida Schulfreind von eahm, und da Årzt sågt: „I gfrei mi, dass du di nåch Jåhrn wieda amoi meldst, wås kaunn i fia di tuan?“ „Waßt, des is so unaungenehm, a blede Gschicht!“ Sågt da Arzt: „Bei mia kaunnst di jå aussprechen, i bin dein Schulfreind, außadem bin i Årzt, und i håb a Gehör fia jeds Aunliegn, oiso wås gibts?“ Sågt der: „Oiso, es geht um an Tripper!“ „Des is jå net so tragisch, måch di frei, kriagst a Spritzn, und de Såche is erledigt!“ „Des is net wegn mia, da Bua håt eahm!“ „Des is a net so tragisch, schick ma den Buam Nåchmittåg in de Ordination, und mia bringan de Såche in rdnung.“ „Då Bua håt nämlich mit unsera Putzfrau...“ „Schick ma ålle zwa in de Ordination, und mia bringan de Såche in Urdnung!“ „Na, des is leida net so afåch, i håb nämlich nåchher a no mit da Putzfrau...“ „I håb jå gsågt, måch di frei, und mia bringan de Såche in rdnung !“ „Es ist diffizil, i håb nämlich nåchher mit meina Frau a no wås ghåbt!“ Sågt da Årzt: „Um Gottes Willen, då brauch i a a Spritzn!“

***

Rudi

Treffen si zwa Freind, sågt da ane zum aundern: „Wia gehts dir denn?“ Sågt da aundere: „Jå, eigentlich eh gaunz guat! I håb jetzt gheirat!“ „Nau, des is do schön!“ „So schön is des net, wäu mei Frau is sehr schiach!“ „Nau, des is schlecht!“ „So schlecht is des a net, sie håt nämlich sehr vü Geld!“ „Nau, des is schön!“ „So schön is des a net, wäu sie ist sehr geizig!“ „Nau, des is schlecht!“ „Nau, so schlecht is des a net, wäu sie håt jetzt a schönes Haus kauft!“ „Nau, des is schön“ „So schön is des a net, wäu des Haus is nämlich ohbrennt!“ „Nau, des is schlecht!“ „So schlecht is des a net, wäu sie wår im Haus drinnan!“

***

Helmut

Es war in Amerika zur Zeit der Indianakämpfe, wo de Soldåtn gegen de Indiana kämpft haum. Då war so a Fort mittn in da Steppe, und da liegt a Soldåt am Ausguck mitn Fernrohr und schaut, ob de Indiana kumman. Nåch ana

Wäu schreit er: „Käptn, Käptn, de Indiana kumman!" „Wia groß siechst es denn?" „Ungefähr so!" (zeigt 10 Zentimeter) „Då haumma no Zeit, ruaf mi, waunns näha kumman!" Nåch ana Wäu schreit der wieda: „Käptn, Käptn, de Indiana kumman näha!" „Wia groß siechst es jetzt?" „Ungefähr so." (zeigt 20 Zentimeter) Nåch ana Wäu wieda: „Käptn, Käptn, de Indiana san scho ziemlich nåh!" „Wia groß siechst es?" „Ungefähr so." (zeigt 1 Meter) „Då miass ma schiassn! Feuer, Feuer, Feuer!" Ålle schiassn, nua der mitn Fernrohr schiasst net. Sågt da Käptn: „Warum schiasst net?" „Ich brings net iwas Herz, i håbs jå scho kennt, wias so klan wårn!"

***

Peter

Spät am Åbend steht a Bsoffana nebn da Aumpl und erledigt sein Gschäft, kummt a oids Muatterl: „Entschuldigen S, da Herr, i siech so schlecht, könnten S mi net iwa den Zebrastrafn fiahren?" Sågt der: „Jå, Muatterl, des kaunnst scho haum!" De greift ume, erwischt eahm irgendwia, de zwa gengan iwa den Zebrastrafn. Wia sie so gengan, sågt sie: „So håt jeda sei Kreiz, i siech nix, und Se haum am Dauman kan Någl!"

***

Rudi

Wissen Sie, waunn a Maunn merkt, dass er oid wird? Waunn er in a Apothekn geht, valaungt a Kondom und de Apothekerin frågt: „Soll ichs als Geschenk einpacken?"

***

Rudi

Männer iwa 65 dürfn ka Kondom mehr vawendn, wäu ma oids Fleisch net vapackn derf!

***

Helmut

Drei Zwergerln treffn si im Wåld. Sågt des erschte: „I fåhr jetzt nåch London, ins Büro vom Guiness Buch der Rekorde, wäu i håb bestimmt de ållaklanstn Händ von da ganuzn Welt!" Sågt des zweite Zwergerl: „Du, då fåhr i mit, wäu i mecht mi a eintrågn låssn, i håb bestimmt de ållaklanstn Fiaß von da gaunzn Welt!" Då sågt da Dritte: „Då fåhr i a mit, wäu i håb bestimmt des ållaklanste Pipi von da gaunzn Welt!" De drei fåhrn nåch London, gengan durt ins Büro vom Guiness Buch. Då erschte geht eine, nåch ana Wäu kummt er stråhlend ausse und sågt „I bin einträgn wurn, I bin eintrågn, i håb wirklich de klanstn Händ!" Geht da zweite eine, kummt nåch ana Wäu ausse: „I bin a eintrågn wurn, i håb wirklich de klanstn Fiaß von da Welt!" Geht da dritte, kummt nåch ana Wäu ausse, gaunz traurig. Sågn de andern: „Wås is denn ?" „Mi haums net eintrågn mit mein klanstn Piperl, åba sågts amoi, wer is da Herr Kandera?"

***

Rudi

Helmut håt sehr vü Enkelkinda, de san eahm am Schoß gsessen. Håt des ane Enkerl gsågt: „Opapa, wia is denn des, waunn mia älta werdn? Wird unser Dingerl länga oda klana?" Sågt da Helmut: „Aus Erfahrung muaß i dir sågn, er bleibt länga klana!"

***

Helmut

A Maunn kummt in a Spielwarngschäft und sågt zum Vakäufa: „Ich hätt gern a Puzzlespiel, åba i bin a Spezialist auf dem Gebiet, i brauch wås gaunz Besondares, wås haum S denn då?" Då Vakäufa sågt: „Då gibts a Puzzle mit 500 Einheiten, woin S des?" „Na, des is ma zu wenig, då bin i in zwa Stundn fertig! Ich brauch wås Besseres, wås haum S denn no?" „Då gibts no ans mit 1000 Einheiten, woin S des haum?" „Na, da bin i in vier Stundn fertig, i brauch wirklich wås Ausgfållenes, wås haum S denn no?" Sågt da Vakäufa: „Då håb i nix mehr, åba an Råt kaunn i Ihna gebn. Gengan S ume zum Anker, kaufn S Ihna a Sackl Brösel und probiern S, obs a Semml zsaummbringan!"

Peter
Då sågt da Lehrbua zu sein Chef: „Herr Chef, i glaub, Se werdn am Telefon valaungt!“ „Wås haßt, i glaub? Wer i valaungt oda wer i net valaungt?“ Sågt da Lehrbua: „I waß net, i håb ohghobn, da håt ana gsågt ‚Bist es du, du oida Trottl?´“

***

Rudi
Klestil auf Besuch bei da Queen Elisabeth in London. De Queen woit eahm zagn, wias in London so zuageht, sans - wias so üblich is in Englaund - mit da sechsspännigen offenen Kutschn vom Buckingham Palace zur Tower Bridge untawegs. Auf amoi laßt ans von de sechs Pferd an fåhrn „Pfffffff“. Sågt de Queen: „Oho, das war im Protokoll nicht vorgesehen, tut mir so leid, I am so sorry!“ Sågt da Klestil: „Måcht nix, i håb eh glaubt, des wårs Pferd!“

***

Helmut
Treffen si zwa Freind nåch längera Zeit auf da Gåssn. Sågt da ane zum aundern: „Laung håb i di nimma gsehgn, åba wia schaust denn Du aus? Du bist so blaß, so dunkle Ring unta de Augn, schwitzn und zittern tuast, bist kraunk?“ Sågt da Kårl: „Na, na, kraunk bin i net, åba i leid in letzta Zeit so an Schlåflosigkeit. Ich kaunn scho nächtelang net schlåfn, i leg mi nieda, wälz mi im Bett umadum, schwitz wia a Sau, steh auf in da Fruah und bin total fertig. Ich waß scho nimma, wås i måchn soi!“ Sågt da aundere: „Des Problem kenn i net, i leg mi auf d Nåcht ins Bett, zähl bis drei und bin weg!“ „Und des funktioniert jedesmoi?“ „Na, ållawäu net, maunchmoi zähl i a bis 4!“

***

Rudi
Unsere Politiker san nua beliebt bei de Kannibalen, wäus ka Rückgrat haum und vü Sitzfleisch.

Rudi
Kennts ihr den Untaschied zwischn E. T. und dem Gusenbauer? Den E. T. haums künstlich schiach gmåcht!

***

Helmut
Då schleppt a Frau ihr Maunn mit zum Einkaufn auf a Shoppingtour. Der årme Teifl muaß den gaunzn Tåg mit ihr mitrennen, von an Gschäft zahrts eahm zum andern, von an Kaufhaus ins aundere. Der is scho hundsmiad am Nåchmittåg, de Fiaß tun eahm weh. Kummans no bei an Kaufhaus vurbei. Sågt sie: „Schatzi, da muaß i unbedingt eine, då gibts so vüle Såchn im Aungebot, då muaß i hinein!" Sågt er: „Jå, geh eine, i wårt då heraußn, mir tuan scho de Fiaß weh!" Der bleibt draußn stehn, sie geht eine, stiert herum, find wirklich alles Mögliche im Aungebot. Unter aunderem finds gaunz büllig so a blonde Launghåår-Peruckn, de gfållt ihr, sie probierts aus, schaut si in den Spiagl und denkt si: „Ich schau jå gaunz aunders aus mit da Peruckn. Des is klass, jetzt kaunn i mein Maunn auf de Probe stön, wia der reagiert, waunn eahm a fremde Frau aunredt! De låßt de Peruckn auf, geht ausse auf de Gåssn, stöt si vua ihrn Maunn hin: „Nau, Schatzi, kummst mit mia?" Sågt er: „Na, mit dir net, du schaust meina Oidn so ähnlich!"

***

Peter
In an Lebensmittel-Supermårkt kummt ana zur Fleisch- und Wurschtåbteilung und sågt zum Vakäufa: „I hätt gern zwanzg Deka Leberwurscht, åba von da grobn, fettn." Sågt da Vakäufa: „Ah, de Kollegin manan S, de is gråd auf Pause!"

***

Helmut
A Pärchen sitzt im Restaurant. Nåch dem Essn trinkns a Glaserl Wein und a zweits Glaserl. Nåch dem zweitn Glaserl werns a bisserl zärtlich und faungan a bissl zum schmusn aun. Auf amoi rutscht er untern Tisch owe. Kummt da Ober

vurbei und sågt: „Gnä Frau, haum Sie net bemerkt, ihr Gatte is unta den Tisch grutscht!" Sågt sie: „Na, mei Gatte kummt gråd bei da Tia eine!"

***

Peter

Zwa oide Leut, 103 und 104 Jåhr, stengan vurm Scheidungsrichta. Sågt da Richter: „Wenn Sie sich das gut überlegt haben, werde ich ein Scheidungsurteil aussprechen, aber warum kommen Sie denn so spät in Ihrem Leben zu mir?" Sågt sie: „Jå, Herr Råt, mir haum uns so scheniert vua de Kinda, da haumma gwårt, bis ålle gsturbn san!"

***

Rudi

A Ehepåår geht in a Restaurant, bestellt si Spaghetti. Se faungan zum essn aun. Auf amoi påtzt sie si aun, a Fleck auf da Blusn. Sågt sie: „Schatzi, schau, i schau aus wia a Sau!" Sågt er: „Und anpåtzt hast di a!"

***

Rudi

A Ehepåår sitzt auf d Nåcht beinaund, er lest de Zeitung, sie häklt. Auf amoi sågt er: „Oide, schau, wås då in da Zeitung steht „EU-Förderung, waunn ma vier Buam håt". Sågt sie: „Mia haum jå nua drei!" Sågt er: „Waßt, waunn i so nåchdenk, irgendwaunn muaß gsågt wern. I håb amoi in da Steiermark an Seitnsprung gmåcht, då existiert a Bua!" „Wås håst du gmåcht?" „Jå, Schåtzi, schau, mir kriagn a Geld dåfia!" „Nau jå, håst eigentlich recht, kaunnst net owefåhrn und den Buam hoin? Daunn hamma vier Buam, daunn kriag ma de EU-Förderung!" „Oiso waunnst nix dagegn håst, fåhr i hoit owe!" Nåch ana Wochn kummt er zruck, sågt er: „Schatzi, Schatzi, stell da vua, i håb den Buam mitkriagt!" Sågt sie: „Is scho zspät! Da Nåchbar håt si scho unsere drei ghoit!"

Rudi

Då liegt a oida Maunn im Spitål im Bett, auf amoi geht de Tia auf, kummt de Schwesta eine, geht zu sein Bett. In den Moment steht der auf, låßt sei Nåchthemd fålln, steht splitternåckert vua da Schwesta. Sie schaut eahm aun und staunt: „Pfau, nau Se san beinaunda! I trau mi går net hinschaun, so wås håb i iwahaupt no net gsehgn!“ Sågt er: „Schwesta, gell, då schaust, wia i beinaunda bin, åba Schwesta, friaha, friaha häst mi kenna soin. Då håb i ma an Kübel draufghängt und bin de 100 Meta in 20 Sekundn grennt!“ Sågt de Schwesta: „Gell, des geht heit nimma mehr!“ Sågt er: „Na, de Fiaß tan nimma mit!“

***

Rudi

Sitzt a Ehepåår beim Fruahstuck. Sågt sie: „Schatzi, mia haum scho laung net gschnackslt!“ Sågt er: „Jå, du!“

***

Rudi

A Ehepåår feiert goldene Hochzeit, gaunz supa, a große Festivität, ålle wårn då, Kinda und Enkelkinda, a da Bürgermeister. Der håt de Laudatio gehoitn. Ålle wårn glicklich, de Oidn a, amoi haums taunzt. Nåch da Festivität sans in a Zimmerl gaungan, des gemietet haum, haum si ålle zwa ins Betterl glegt. Sie håts Licht brenna låssn und schaut eahm so gaunz verliabt aun: „Såg, Schatzi, wås i di scho laung frågn woit. Håst du mi jemois betrogn?“ Sågt er: „Jå, amoi!“ Sågt sie: „Gell, wia guat kennt ma des ane Moi jetzt brauchn!“

***

Peter

Da Lehra in da Volksschule sågt zu den Kinda: „Jeder von euch nennt mir einen Dialektausdruck, das ist euch ja sicher geläufig.“ Då erschte steht auf: „Leberkassemml.“ Sågt da Lehrer: „Das ist ein schönes Wort“, und zum aundern „Was ist dein Dialektausdruck?“ „Hau di iwa de Heisa!“ „Ja, auch das ist ein typischer Dialektausdruck!“ und zum nächstn „Was ist dein Dialektausdruck?“ Sågt der: „Dadirrtada!" „Wie sagst du?" „Dadirrtada!" „In welchem Zusammenhang hast du das gehört?" „Neilich håt da Papa zur Mama gsågt: „Waunnst den Blumanstock net giaßt, dadirrt a da!"

***

Peter

Wissen Sie, was ein Kartonagenevent ist? Des ist a Treffn von oide Schåchteln.

***

Peter

In ana Bar san de Leit in ana Reih zum Piperln aungstaundn. Gaunz hintn steht a junge Dame, de wü a wås beim Barkeeper bestön und hebt den rechten Årm so senkrecht in de Höh und is in da Åchselhöhle gaunz dicht behåårt. Am End von da Budl sitzt a Bsoffana. Der siecht des und sågt: „Herr Ober, sofurt a Glas Champagner fia diese Ballerina!" Sågt da Ober: „Wiaso wissen S des, dass de Dame a Ballerina is?" Sågt da Bsoffane: „Waunn a Frau des Bein derårt hoch hebn kaunn, muaß sie a Ballerina sein!"

***

Helmut

Då klane Franzi fåhrt mit sein Våta in da Stråßnbauhn, auf amoi faungan zwa Männa im Waggon zum streitn aun. Schreit da ane Maunn zu dem aundern: „Du Arsch!" Sågt da klane Franzi zum Papa: „Papa, was hat der gesagt?" „Der håt gsågt du Barsch!" „Papa, was ist ein Barsch?" „A Barsch is a Fisch!" „Papa, was ist ein Fisch?" „A Fisch is a Tier mit Schuppen!" „Papa, was sind Schuppen?" „Schuppen san Hornplättchen auf da Haut!" „Papa, wo leben diese Fische?" „Fische leben im Wåssa!" „Papa, im Wasser kann man ja nicht atmen!" „Ojå, de Fische scho, wäu de haum Kiemen!" „Papa, was sind Kiemen?" Sågt da Papa: „Waßt wås, der håt gsågt, du Arsch!´"

Helmut

In an Tennisclub redt a Maunn an aundern aun und sågt zu eahm: „Ich suach fia murgn in da Fruah an Partna, könnt ma mitanaund a Partie spün?“ Sågt da aundere: „Jå gern, i kumm so um 8, 9 ungefähr. Am nächsten Tåg ist der um Punkt 8 Uhr då, de spün a Partie, da aundere spielt ålles mit da linkn Haund, haut den eine 6:0, 6:0. Nåch dem Match sågt da ane: „Is a Wauhnsinn, wia Se spün, da miassn S ma scho a Revausch gebn, spü ma murgn wiada?“ Sågt da aundere: „Is in Urdnung, i komm so um 8, 9 ungefähr.“ Am nächstn Tåg ist er wieda um Punkt 8 Uhr då, spüt wieda mit dem, spüt ålles mit da rechtn Haund, haut den wieda eine 6:0, 6:0. Am Schluß sågt da ane: „Des is a Wauhnsinn, wia Se spün, åba Se spün amoi an Tåg mit da linkn, an Tåg mit da rechten Haund. Wonåch richt si des bei Ihna?“ Sågt der: „Des richt si nåch meina Frau. Waunn mei Frau in da Fruah auf da rechtn Seitn liegt, waunn i aufsteh, spü i mit da rechtn Haund, waunns auf da linkn Seitn liegt, spü i mit da linkn Haund.“ Sågt da aundere: „Und wås is, waunns amoi am Ruckn liegt?“ Sågt da aundere: „Daunn komm i um 9!“

***

Rudi

Da männliche Teil eina Familie, Großvåta, Sohn, Enkerl fliagn auf a klane Insel in Thailaund und bevurs durt laundn, sågt da Flugkapitän: „Wir wünschen einen wunderschönen Urlaub auf dieser kleinen Insel in der Nähe von Thailand. Wir wollen Sie nur darauf aufmerksam machen, dass auf dieser Insel 50 Prozent der Einwohner Tuberkulose haben, und 50 Prozent haben Aids.“ Da Opapa is a bissl terrisch und frågt: „Wås håt er gsågt?“ Sågt des Enkerl: „Opapa, du derfst nua de schnacksln, de huastn!“

***

Helmut

Då mächt a Maunn a Fernreise, er fliegt nåch Kenia. Durt geht er auf an Nåcktbådestraund und ziagt sie nåckert aus, legt si in de Sunn und låßt sie ohbrenna. Auf amoi kumman zwa Elefauntn vurbei, sågt da ane Elefaunt zum aundern: „I war neugierig, wia der frißt!"

***

Rudi

Då kummt in da Fruah a jugoslawischa Årbeiter zu sein Chef und sågt: „Chef, heit schlecht Tag, kaunn nix arbeiten, Chef, håb so Kopfweh, so Halsweh, so Bauchweh, geht nix." Sågt da Chef: „Herst, mia san då in Österreich, bei uns wird ghacklt, anzahrt wird bei uns, net tachiniert!" Sågt da aundere: „Chef, i nix tachiniern, so Kopfweh, so Halsweh, so Bauchweh, kaunn nix arbeiten." Sågt da Chef: „Waßt, wås i måch, waunn i so Kopfweh, Halsweh und Bauchweh håb, daunn geh i zu meina Frau, såg „Schåtzi, mia gehts heit net guat". Mei Frau, de kennt si aus, de nimmt mi beim Handerl, fiahrt mi ins Schlåfzimma eine, daunn ziagts mi komplett aus, legt mi ins Bett, daunn nimmts in Zebbedäus, und i håb ka Kopfweh mehr, ka Hålsweh mehr und ka Bauchweh mehr, kennst di aus?" „Chef wirklich, des hilft?" „Nau freilich, glaubst, i darzöh dir an Bledsinn?" Nau, der draht si um, rennt furt, nåch zwa Stund kummt er wieda und schreit: „Chef super, nix mehr Kopfweh, nix mehr Halsweh, nix mehr Bauchweh - åba du håben schöne Schlafzimmer!"

***

Rudi

Treffen si zwa Tepperte, sågt da ane: „Kaunnst ma sågn, wia spät es ist?" Sågt da aundere: „Natürlich!" Sågt da erschte: „Danke!"

***

Helmut

Zwa Tepperte am Swimmingpool. Sågt da ane zum aundern: „Kumm, trink aus, gemma!"

***

Peter

Då wåcht ana auf nåch da Operation aus da Naukose, sågt eahm da Operateur: „Ich muß Ihnen sagen, sie haben einen sehr schweren Autounfall gehabt. Wir mußten Ihnen zwei neue Ohren annähen, es waren die Ohren einer Frau." Sågt da Patient: „Um Gottes Willen, Herr Dokta! De Uhrn von ana Frau, wer i då wås hern?" Sågt da Dokta: „Hern werden S scho, versteh werden S an Dreck!"

***

Rudi

Treffen si a Glåsaug und a Gummiringerl. Sågt des Gummiringerl: „Schau net so teppert, sunst schnålz i da ane!"

***

Rudi

A Maunn kummt von da Årbeit ham und sågt: „Schatzi, heit wårs leiwaund in da Håckn, mir haum net vü ztuan ghåbt. Håb i mit meine Kollegn so a bissl plaudert, natürlich red ma a iwa Sex, waßt eh, Thema Numma ans, und wia ma so plaudern, kumm i auf a neiche Stöllung!" Sågt sie: „Geh, hör auf, Schatzi, a neiche Stöllung, amoi wås anders?" Sågt er: „Jå, Schatzi, waßt eh, i bin jå flexibl. Paß auf, du brauchst går net vü måchn, i erklär dirs nua kurz. Du brauchst di nua einelegn ins Bett, natürlich nåckert, i ziag mi a nåckert aus, kräu aufs Nåchtkastl auffe, und daunn mußt aufpassn! Daunn kummt von mia a Kommando, des haßt „Achtung, ich komme!" - und daunn hau i mi so ume auf di aufs Bett vom Nåchtkastl mit volla Wucht, wås glaubst, waunn i durt aunkumm, wås du fia Freud håst!" Sågt sie: „Geh, her auf. Du måchst mi gaunz nervös, du håst heit eh net vü gårbeit im Geschäft, häst net an Gusta?" „Na freilich, deshoib håb i dirs jå darzöht, kumm, probier mas glei aus!" De gengan ins Schlåfzimma, ziagn si ålle zwa aus, sie legt si ins Heidilein, er kräut nåckert, gaunz gelenkig aufs Nåchtkastl, daunn sågt er „Achtung Schåtzi, aufpassen, ich komme!" und haut si ume. Nua håt er net aufpaßt, des Nåchtkastl is a bissl rutschig gwesn, er is ohgrutscht, genau auf de Bettkantn mitn Schienban. Der kniat nebn dem Bett, des Bluat spritzt umadum, de Pappn is a gaunz bluatig. Auf amoi sågt sie: „Schatzi, gell, des måch ma nimma, wäu då håst nua du wås davon!"

Rudi
Da Haider håt jetzt des Bärentål vakauft und des Parlament kauft, wäu da san mehr Hirschn drin.

***

Rudi
Da Bundespräsident war im AKH si untasuachn låssn. Zwischen zwa Untasuachungen is er a bissl umadum grennt mit sein schen rot-weiß-rotn Bådemauntl, håt si dabei a bissl verirrt und is in de psychiatrische Åbteilung umekumme. Kummt eahm a Patient entgegn, sågt da BP: „Grüß Gott, ich bin dein Bundespräsident!" Sågt da aundere: „Jå, des wer ma da då herinnen scho austreibn!"

***

Peter
Da Bundespräsident woit sei Beliebtheit im Volke testen, er håt si vakleidet, håt si Blue Jeans aunzogn und a Ledajackn und is in a Taxi eingstiegn, draht si da Taxifåhra um und sågt: „Es is a Wauhnsinn, Se schaun aus wia da Klestil, is Ihna des net peinlich?"

***

Peter
Wås ist da Untaschied zwischen da EU und da Mafia? Waunnst bei da Mafia zåhlt håst, håst a Ruah!

***

Rudi
Eines Tages geht im Parlament de Tia auf, kummt a Terrorist mit ana schwårzn Strumpfmaskn, håt a MP im Aunschlåg - gfährlich! Älle Regierungsmitglieda rennan zu ihre Parteikollegn, gruppiern si und stengan dicht gedrängt. Da Terrorist steht då mit da MP. Auf amoi sågt er: „Wo is da Haider?" Ålle zagn: „Då is er, då is er!" Auf amoi sågt er: „Jörgl, duck di!" - Ratatatata.

Peter

Kummt ana ham um 5 Uhr Nåchmittåg nåchn Büro und sågt zu seina Frau: „Herst, håst du unsa Kåtz gsehgn, a Wauhnsinn, unsa Kåtz håt iwahaupt kane Håår mehr." Sågt sie: „Schatzi, du hast jå heit in da Fruah gsågt, i soi heit de Muschi rasiern!"

***

Peter

A älteres Ehepåår is allan zhaus und redt mitanaund Sågt sie: „Kaunnst du gach owegehn, herst, kaunnst Du 2 Såchn auffehoin? A Müch und a Brot brauch i , 2 Såchn, a Müch und a Brot, 2 Såchn, des wirst da do merkn! A Müch und a Brot - oda muaß i da an Zettl schreibn?" Sågt er: „Na". Der geht owe, kummt ewig net zruck. Nåch ana hoibn Stund kummt er zruck, legt am Tisch a Packerl Zigarettn. Sågt sie: „2 Sachen håb i gsågt - wo san de Zünda?"

***

Rudi

A jungs Ehepåår is mitanaund in Urlaub gfåhrn. Sie håt Bibione ausgsuacht, am Åbend gengans spaziern am Straund. Sie håt des Meer no nie gsehgn und siecht, wias Wåssa imma so auffe kummt. Sie ist gaunz begeistert, ziagt si de Schuach aus und sågt nåch ana Wäu: „Schatzi schau, mich küssen die Wellen!" Sågt er: „Jå, und draußn brechns!"

***

Rudi

Süwane Hochzeit in an klanan Urt. Da Bürgermeister hålt de Laudtio. Am Schluß von da Aunsprâche sågt er: „Ich freue mich wirklich, Ihnen gratulieren zu können zum 25jährigen Beisammensein, aber eine Frage hätte ich an Sie, liebe Jubilarin. Was war die schönste Zeit in Ihrem Eheleben?" Sågt sie: „Herr Bürgermeister, es wår schön, am Aunfaung wårs sehr explosiv, då wårs mir maunchmoi sogår zvü, heit is es umgekehrt, ålles ist lahm, es tuat si nix mehr, åba im Schnitt kaunn ma sågn, sehr schön, i bin zufriedn." Sågt da Bürgermeister: „Liebe gnädige Frau, das freut mich sehr, und Sie lieber Jubilar, was war für Sie die schönste Zeit in ihrem Eheleben?" Sågt der: „Des ane Jåhr beim Bundesheer!"

***

Rudi

Då kummt a Maunn ham, schenkt si a Glaserl ein, setzt sie hin gaunz angfressn, auf amoi läuts an da Tia, er steht auf, is sein Freind då. De begrüßn si, da Freind siecht des Glaserl und hauts owe auf an Zug. Sågt da aundere: „Herst, des is a Wauhnsinn, so a Tåg heit, i bin aungfressn!" Sågt da Freind: „Wiaso, wås håst denn?" „Stell da vua, es is jå unglaublich! So a Tåg! In da Fruah wåch i auf, håb i an Briaf von meina Frau, dass sie bäule gaungan is, stell da vua. I wü ins Gschäft, fåhr mitn Auto, håb an Busara mit mein Auto, des nächste. Daunn steig i in de Tramway, will eine fåhrn ins Gschäft, wieda a Busara mit da Tramway. I kumm 4 Stund zspät ins Gschäft, wås måcht da Chef? Haut mi gleich ausse! Denk i ma, jetzt is ma wurscht, jetzt fåhr i mitn Taxi, fåhr mitn Taxi, håb i wieda an Busara. Kaunnst da vuastön, wia i aungfressn wår. Daunn komm i ham, setz mi då her, auf amoi kommst du eina und saufst ma mei Gift aus!"

***

Peter

Då måcht a Dame a Åbmågerungskur mit ärztlicha Hilfe. Nåch 14 Tåg kummt sie des erschte Moi zua Kontrolle und sågt: „Herr Dokta, es is a Wauhnsinn, i håb scho 5 Kilo ohgenumma, åba mein Sexuallebn, des eskaliert so. Es ist a Wauhnsinn, i bin so iwamiatig, i mecht mein Gattn jedn Tåg drei Moi vernåschn! Sågt da Årzt: „Gnädige Frau, freuen Sie sich über diese 5 Kilo, die Sie abgenommen haben. Und das andere ist wahrscheinlich ein Hormonschub, und das wird sich in den nächsten Wochen wieder normalisieren!" Nåch weitere 14 Tåg kummt de Dame wieda zum Årzt und sågt: „Herr Dokta, i håb scho wieda 4 Kilo ohgnumma. Es ist a Wauhnsinn, åba i bin so iwamiatig, i håb neulich mein Gattn an Hoden ohbissn!" Sågt da Årzt: „Des ist net so tragisch, der håt nua 60 Kalorien!"

Rudi

A Mama, der de Åbmågerungskur net so gelingt, geht mit ihre zwa Buam auf da Stråßn, ana wår 5 Jåhr, ana wår 7 Jåhr. Kummt eahna a Frau entgegn. Sågt da 7Jåhriche: „Mama, schau, de Frau, de wås uns da entgegn kummt, de is so blad wia du!" De Mama haut eahm a Watschn owe. Sågt da 5-jåhriche: „Mama, håst scho recht ghåbt, gell, wäu kane is so blad wia du!"

***

Rudi

Treffen si zwa Freind, sågt da ane zum aundern: „Herst, stell da vua, gestern is mei Frau mit mein bestn Freind durchbrennt!" Sågt da aundere: „Geh, her auf, wer is dei besta Freind?" „Nå, da Erich!" „Seit waunn is da Erich dei besta Freind?" „Seit gestern!"

***

Peter

Zwa oide Freind, zwa oide Tschecherantn, de måchn an Drahra. Ende nie, des dåuert de gaunze Nåcht, endlich um 8 in da Fruah gehts Richtung hamwärts, total zuagschitt kummans vurbei bei anau Kirchn. Sågt da ane zum aundern: „Oida, i håb gach an Moralischn, i geh gschwind eine, i gib ma eine Beichte!" Sågt da aundre: „Is in Urdnung, i wart då!" Då ane geht wirklich eine in de Kirchn, kniat si hin in den Beichtstuhl und sågt: „Hochwürdn, gilligilli, i mecht gern beichtn!" „Um Gottes Willen, mein Sohn, in diesem Zustand! Hast du vielleicht jemanden umgebracht?" „Åba geh, umbråcht! Beichtn wü i." „Nicht in diesem Ton, geh nach Hause und schlaf dich aus. Morgen, wenn du ausgeruht bist, kommst du wiader, und wir bringen die Sache sicher in Ordnung!" Der steht auf, geht ausse, trifft sein Freund. Der sågt: „Waßt wås, i håb ma des iwalegt, i geh a eine beichtn!" „Brauchst går net einegeh, heit nimmt er nua Mörda!"

Helmut
Då kummt a Maunn zum Årzt und sågt: „I waß net, wås des is. Waunn i mit dem Zeigefinga auf de Schulta druck, tuats ma weh, und waunn i mit dem Zeigefinga am Bauch druck, tuats ma a weh, und waunn i mit dem Finga auf de Rippn druck, tuats ma a weh." Sågt da Årzt: „Jå, Se haum an brochanen Finga!"

***

Peter
Då kummt ana zhaus vom Årzt und sågt zu seina Frau: „Es is a Wauhnsinn, da Onkl Dokta håt gsågt, i håb nua mehr 200 Schuß." Sågt sie: „Schåtzi, da miass ma vuasichtig sei, da miass ma uns ållas einteiln, mia miassn a Listn måchn!" Sågt er: „De Listn gibts scho, åba du stehst net drauf!"

***

Rudi
Kummt ana zum Årzt: „Hern S, Herr Dokta, i glaub, i håb an vakehrtn Kreislauf." „Wia kumman S auf des?" „Wissen S, friaha håt ma mei Frau in de Håår krault, håt si untn ållas aufgstellt. Heit kraults mi untn, stelln si de gaunzn Håår auf!"

***

Rudi
Sitzt a Tepperta im Kaffeehaus und sågt: „Herr Ober, bringan S ma a Stickl Zucker!" Sågt der: „Hern S, i håb Ihna do eh scho åchte bråcht!" Sågt da Tepperte: „Jå, åba de gengan ålle unta!"

***

Helmut
In da Fruah schreit da klane Franzi ausn Bådezimma: „Mutti, wo ist denn da Wåschlåppn?" - Sågt de Mutti: „Der is scho im Büro!"

Doppelplaudereien

Herr Müller und Herr Meier

aus dem Programm „Neue Spitzbübereien“

Grüß Sie Gott, Herr Müller!
Jå.
Sie haum Ihna åber verändert.
I haß jå går net Müller.
Ah, Müller haßn S a nimmer? Åber Ihna Gsicht, des håb i schon wo gsehn.
Des gibts jå net, i trågs immer auf derselbn Stell.
Åber Sie haum a a bisserl an Knick in da Optik, san sie vielleicht verheirat?
Ah, sieht ma mia des aun? Jå, i bin verheirat, i håb auch an Sohn.
Åber!
Jå, jå den håb i dringend braucht, damit unser einmåliger, seltener Familiennaume net ausstirbt.
Wie haßn Sie iwahaupt?
Meier! Großes M und kleine . . .
I håb Ihna eh neulich im Telefonbuch gfundn.
Ah ja?
Und Sie, san Sie verheirat?
Jå.
Mit wem?
Mit ana Frau.
Dås ist jå selbstverständlich.
Na, so selbstverständlich is des net, mei Schwester is mit an Maunn verheirat!
Unser Familie verträgt si iwahaupt sehr guat, neulich wollt i unbedingt mei Schwiegermutter treffn.
Geh, wo?
Zwischn die Augen!
Hörn S, mei Frau, die is so wås von romantisch.
Åber!

Sågt sie neulich zu mir „Die große Liebe is doch wirklich wås Wunderbåres",
såg i „Sicher, sicher, åber mit dir is a gaunz nett !"

Nau, mei Frau und i, mir wohnen jå net allanich daham.

Geh, wieso?

Bevor ma gheirat haum, håt mi mei Frau gfrågt, ob ich auch eine Frau ernährn kaunn. Håb i gsågt: „Wås haßt ane, zwa!" Håt sie gsågt: „Nau, daunn is ja guat, weil daunn kaunn mei Mutter dauernd bei uns lebn!"

Då sans eingfahren.

Jå, und wia a no!

Åber i håbs a net leicht!

Wieso?

Mei Frau sågt neulich zu mia, sie braucht ålle Kleider erneuert, weil die Leut im Haus, die låchn schon ålle iwa ihr oids Gwaund.

Nau, då tat i Ihna åber an Råt gebn. Ziagn S in a aundere Gegend, des kummt Ihna bülliger!

I mecht amoi so vü Geld haum, daß i mir drei Elefauntn kaufn kennt!

Fia wås brauchn Sie drei Elefauntn?

I brauch iwahaupt kan, åber so vü Geld mecht i amoi haum!

Sågn Sie, gibts in Ihra Familie vielleicht auch Kinder?

Nau freilich, mei Bruader håt a no an Buam! Åber der håt so a blöde Gwohnheit. Der tuat immer Nägl beißn.

Des måchn jå vü Kinder!

Zechennägl? Außerdem sitzt der Bua den ganuzen Tåg in der Saundkistn und baut Burgn.

Des find i gaunz normal .

Då is åber sei Frau gaunz aundrer Meinung!

Unlängst håb i 85 kg überflüssiges Gwicht wegbråcht.

Gehn S, 85 kg! Wie haum S des gmåcht?

I håb mi scheidn låssn! Håt eh nix ghaßn, wår so a Dreiecks-Beziehung!

Wieso Dreieck?

Sie, ich und da Fernseher!

I håb neulich beim Rennen 2000 Schilling verlorn.

Des is teppert, wås rennen S denn a so?

Sågens, håbn Sie ein Hobby?

Ein Hobby? Jå, håb i, håb i – Fliegen!
Fliegen? Kost des net sehr vü Geld?
Kost iwahaupt nix, die faungt ma si selber.
Vorige Wochen wårs, då håb i a Briaftåschn gfundn mit 10.000 Schilling!
Jö, då können S mich heut gleich zum Essn einlådn!
Geht leider net, weil drinnen wår a Naume und eine Adresse, und i håb des zruckbrâcht, und der Herr håt mir daunn 100 Schilling gebn!
Sie san a Trottel, hätten S es mir brâcht, i hätt Ihna an Tausender gebn!
Apropos Tausender, då ums Eck bei uns håt jetzt a neues Bordell aufgsperrt!
A Bordell, des interessiert mi net, mia kaufn immea nur beim Billa!
Haum Sie übrigens glesn, das Querstreifen dick måchn?
Mia essn kane Querstreifen! Mia essn fåst nur an Reis.
Und mia haum uns vorige Wochn an funklnaglneuen Mercedes kauft.
Pfau! Haum Sie sich so vü zruckglegt, oder håt sich Ihna Frau a bisserl zruckglegt?
So wår des net, weil vor drei Wochn is mei Frau ham kumma nåch ana Autoausfåhrt und håt zu mia gsågt: „Schatzi, unser Zweitwågn is åb jetzt unser Erstwågn!"
Waunns eh so gstopft san, können S mia vielleicht 500 Schilling borgn?
Für wås?
Bei mein Wirten håb i no 10 Bier vom vorign Monat stehn.
Vom vorign Monat? Die kaunn er eh wegschüttn!
Heut Nåchmittåg möcht i no zu mein Årzt gehn.
Wås måchn S beim Årzt?
Mauchmoi muaß i mit dem linkn Äugerl so zwinkern.
Dås is jå net weiter schlimm!
Haum Sie a Auhnung, waunn i in der Apothekn bin und wü a Aspirin, krieg i ållawäu a Präservativ.
Apropos, i wår vorign Monat in Hamburg, då wår ich auch in St. Pauli.
Aufregend, erzähln S a bisserl!
Då is a Madl zu mia kumm und håt mi gfrågt, ob i mit ihr schlåfn wü. Wår blöd, i håb gråd kan Schlåf ghåbt !

Daunn is no ane kumma und håt gsagt, weil i aus Wien komm, krieg i an Rabatt. Um 500 Mark, håts gsågt, dårf i zwamoi. Is jå a Bledsinn, i wår jå nua a Wochn durt!
Då geht si jå nix aus!
Bin i hålt auf d Nåcht am Håfen gaungen in Hamburg und håb ma die Stern aungschaut, wår a schön!
Unlängst håb i a intressantes Büchel glesn, des haundelt über die Entfernung von Sternen und Planeten.
Und wie entfernt ma sie?
Sie san kriminell teppert!
Is jå wurscht!
Neulich håb i mein Nåchbarn bei Gericht einklågt!
Wie is ausgaungen?
Die Gerechtigkeit håt gsiegt!
Des tut mir leid für Ihna! Sie können jå in Berufung gehn.
Finden S net a, då håts a schlechte Akustik herinnen?
Jå, hörn S, i woit nix sågn, i håbs vorhin schon grochn!
I riach jå am liebstn an Wein, trinken tua eahm a gern. I fåhr jedn Åbend auf d Nåcht ausse auf die Brünner Stråßn, 20 Kilometer, durt kenn i nämlich an Weinbauer, då is des Viertl um 20 Groschn bülliger.
Des zåhlt si jå nie aus, allein die Fåhrtspesn, die S haum!
Haum Sie a Auhnung! I sauf schon so laung, bis sa si rentiert!
Waunn i an Durscht håb, trink i ållawäu a Bier.
Aha!
Waunn i lustig sein will, då trink i an Sekt.
Aha!
Und waunn ma schlecht is, daunn trink i an Obstler.
Aha! Und waunn trinken S a Mineralwåsser?
So schlecht wår ma no nie!
I muß Ihne wås aunvertraun!
Jå, bitte!
Ein Geheimnis, åber net weiter sågn! I håb seit einiger Zeit kan Führerschein mehr.
Wieso?
I håb auf der Autobahn a „Hazerl" gmåcht mit an Geisterfåhrer! Åber i håb gwunna, i wår zuerst im Häfen!
Wås håb i ghört, ihr Herr Bruder is im Spital?
Jå, jå, stellen S Ihna vua, der Trottl dunnert mit voller

Wucht ins Garagentürl eine, dabei håt er no a Glick ghåbt, daß er går net mit dem Auto unterwegs wår!
Åber i håb gestern a fåst Stråf zåhlt.
Wieso fåst?
I fåhr mitn Auto, nebn mia sitzt mein Enkerl am Beifåhrersitz, håb i net a Polizeikontrolle! Sågt der Polizist zu mir: „Wissen Sie denn nicht, daß Kinder erst ab 12 auf dem Beifahrersitz sitzen dürfen?“ Bitte, er håt jå recht ghåbt, es wår erst ?12 !!!
Und um ?1 ist mia mei Hund entlaufn.
Geben S doch a Aunzeige in die Kronen Zeitung!
Des bringt iwahaupt nix, der Hund kaunn jå net lesn! Åber jetzt gspür i wås, i glaub, i muaß dringend ausse, wissen S wås, hör ma auf.
Geh, bleiben S no a bisserl, trink ma no a bisserl.
Unmöglich, i kaunn net.
Sie haum ma neulich a Gschichterl aungfaungen zu erzähln und haum S net fertig erzählt.
Was für Gschichterl?
Wo sie in Afrika auf Safari wårn!
Des meinen S! Ich geh durch die Savanne, auf amoi steht a riesn Löwe vor mia, i nimm des Gwehr owe, i leg aun, des Gwehr funktioniert net, der Löwe springt auf mich zu - ich håb mi aungschissn!
Des hätt i a!
Net damals! - Jetzt!

Herr Neunteufel und Herr Fink
aus dem Programm
„Die neuesten Spitzbübereien"

Grüß Sie Gott, Herr Neunteufel!
Ja hallo !
I hab jå jåhrelaung nix mehr ghört von Ihnen.
Ka Wunda, Se san ja stockterrisch!
Wås?
Nau, terrisch sans! Gestatten Sie mir eine Frage aus dem Tierreich: Wie geht's Ihnen, Herr Fink ?
Mir gehts wie einem Donnervogel.
Wås is a Donnervogel?
A Påpagei, der Bohnen gfressen håt – a Thunderbird!
Då müssen S jå a påtzn Energie in sich aufgstaut haum.
Jå, håb ich, håb ich!
Då können ie jå auch sicha sehr schnell rennen?
Kaunn ich, kaunn ich! I wår neulich erst vorige Wochn bei an Leichtathletik-Wettbewerb, håb i beim 100-Meter-Lauf den 1. Plåtz gmåcht.
Då bin i baff! Und wie geht S Ihnen über 1000 Meter?
Des waß i net, denn åb 200 Meter nimm i ma a Taxi!
Åber Sie wolltn doch mitn Auto nach Englaund auf Urlaub fåhrn?
Jå, åber des wår ma zu gfährlich.
Wieso ?
Nau, der Linksverkehr! I håb des getestet auf da Autobauhn zwischn Linz und Sålzburg. So viele freundliche Österreicher! Jeder håt ma irgendwås deut! Åber immahin, i wår 3 Mal im Radio!
Vielleicht sollten S åber doch besser nåch Kärnten zu Freunden fåhrn.
Hörn S ma auf mit de Freind! Åber übrigens, wie steht jetzt der Schilling in Kärnten?
I weiß net.
Nehmen die noch Schilling?
I håb schon laung kan mehr gwechslt.
Red ma von was aunderem, wås måchn Sie beruflich?
I håb an sehr seltsaumen Beruf, ich weiß nie, wås der

nächste Tåg bringen wird!
Wås måchn Sie då?
Die Wettervorhersåge!
Da verdienen S sicher an Haufn Geld.
An Haufn schon, Geld weniger. I brauchert schon dringend a neues Auto. Waunn i mit mein oidn Wågn jetzt wo park, frågt mi die Polizei immer, ob i den Totalschåden schon gmeldt håb! Dabei ghört er nur gwåschn!
Nau, låssen ihn einmål wåschn!
Na, då fållt er auseinaunder!
I bin neulich mit an Hunderter durch die Gumpendorfer Stråßn gfåhrn.
Ah, håbn S net mehr einsteckn ghåbt?
Stundenkilometer! Åber untn beim Nåschmårkt in der Rechtskurvn håb i glei an Purzelbam gmåcht.
Mitn Auto?
Ja.
Wås fåhrn Sie für an Wågn?
Den neuen kleinen Mercedes.
Då is sicher a Elch durt gstaundn?
Dort steht immer a alter Elch mit an goldenen Haundtaschl!
Von dem kleinen Mercedes gibts jetzt a gaunz sicheres Modell!
Ah, wås für ans?
Mit an Überrollbügl!
Die Funkstreife wår jå gleich då, die haum gleich zum Schreibn aungfaungt.
Ah, des könnens?
Ja, es wårn jå immerhin 4 Maunn!
Håb i gsågt „Schreibts glei 150 Stundnkilometer", es kaunn jå nur mei Vorteil sein!
Wieso Ihna Vorteil?
Weil i will nächste Wochn des Auto verkaufn! I håb jå praktisch mit Null begonnen, jetzt håb i immerhin 3 Millionen!
Bravo!
Na, Schuldn!
A doch, vielleicht sollten S doch besser Beruf wechsln.
Werd ich eh gaunz sicher, weil ich kandidiere jetzt als

Bundespräsident.
San sie teppert?
Is des Voraussetzung?
Red ma von was aunderem!
Höchste Zeit!
Stellen Sie sich vor, vorige Woche håb ich ein Buch gschenkt kriegt. Ein Buch mit dem interessantn Titel „Wie werde ich hundert Jahre alt?“. Nau, i håbs glesn, daunn håb is gleich zrissn und weggschmissn.
Und wårum?
Mei Frau wollts a lesn!
So kriagt hålt jeder wås aundres zschenkn! I håb neulich an Deo-Roller zschenkn kriagt.
An Deo-Roller? Haum Sie iwahaupt an A-Führerschein?
Der is a Wauhnsinn! A Gåbelroller wär gscheiter gwesn.
Wollen S mi rolln?
Hörn S, mei Frau, die is sowås von schiach.
Was Sie nicht sprechn!
Die ist regelrecht häßlich.
Åber nein, so schiach is die?
Bitte, die håt jå jåhrelaung kan Årbeitsplåtz bekommen.
Weil sie so schiach is? Und jetzt håt sie an Årbeitsplåtz?
Jå, jetzt ist sie Testpilotin.
Wo?
In ana Besenfabrik!
Ich håb ***eine Schwester, die is sehr hübsch, åber die is wieder so wås von teppert, des ist unwåhrscheinlich.***
Wieso?
Die årbeit schon 20 Jåhr laung in an Puff, und gestern is erst draufkommen, daß ma dafür a Geld kriagt!
Ich glaube, waunn i so nåchdenk, ich kenne Ihre Schwester! Seit 20 Jåhr!
Sind sie ein Prellbock?
Moment, wås is ein Prellbock?
Ana, der im Puff nix zåhlt!
Sågen S, kennen Sie eigentlich die Rodeostellung?
Nein!
Ålso, Sie beglücken Ihre Frau von hintn und flüstern ihr dabei leise ins Ohr, daß des die Lieblingsstellung ihrer Freundin is. Und waunns ihna daunn länger als 8 Sekundn

oben håltn können, haums gwunna.
Åber haum S schon ghört?
Na, wås wår?
Jetzt kommen beleuchtete Kondome in den Haundel.
Wieso?
Lichtfåhrer sind sichtbårer!
Da haums daunn a Glühwürmchen!
Hören S, haum S des scho glesen, jetzt gibts die Pille für den Mann.
Wås Sie nicht sågn!
Die wurde an 2000 Männern getestet.
Mit welchem Erfolg?
Nau, kana håt a Kind kriagt!
Kennen Sie den Unterschied zwischen einer Regenrinne und einem Sofa?
Den Unterschied zwischen einer Regenrinne und einem Sofa? Kenn ich nicht!
In der Regenrinne påårn sich die Vögel, und am Sofa . . .
Åber wissen Sie, wårum die menschlichen Hintern längs gspåltet sind?
Des waß i net.
Stelln S Ihna vur, die warn quer gspåltn, tätens jå dauernd auf- und zugehn!
Dås wär jå a Umweltbelåstung!
Hörn S, neulich håt mei Burli in Mathematik an Fünfer kriagt.
Jå, wieso denn an Fünfer?
Weils kane Sechser gibt. So ein Trottl!
Der gaunze Papa!
Åber wissen Sie, welche Tiere den Schwaunz vorne trågn?
Na, des waß i wirklich net!
Die drei Musketiere!
Wissen Sie den Unterschied zwischen die Vorarlberger und die Türken?
Nein.
Die Vorarlberger san besser gekleidet, åber die Türken sprechen besser Deutsch!
Kennen Sie Mozart?
Den Mozart kenn i guat, den håb i erst am Montåg troffn, beim Renner untn im Wirtshaus håb ich ihn troffn.

Des gibts jå går net
Freilich gibts des.
Jetzt liagen S åber. Måchen S mich doch nicht blöd - der Renner håt doch am Montåg Ruhetåg!
Daunn wår i hålt am Dienståg drin. Då wollt i übrigens an Fünftausender wechsln. Is åber net gaungen.
Geh, wieso net?
Weil i kan ghåbt håb.
Wås håltn Sie eigentlich von Telefon-Sex?
Nå, går nix! I kriag eahm nie in Hörer eine!
Dabei håt der eh so klane Lickerln!
Sie vergessn gaunz, i håb an schnurlosn!
Wo hängt er denn?
Einmal då, einmal dort.
I wår jå a vorige Wochen bei an Sexvortråg. Über vorzeitige Ejakulation.
Hören S auf! Und wie wårs?
I wår 5 Minuten zu früh då!
Wie ållawäu!
Hören S, mei Burli håt gestern in der Schul schon wieder a Stråf kriagt.
Nau geh, der saummelt jå!
Jå, die haum einen Ausflug gmåcht in die Tropfsteinhöhlen, und då håt er dem Karli 17 Watschn oweghaut.
In der Tropfsteinhöhle?
Man muaß des Kind verstehn, er håt gsågt es wår so ein wahnsinnig schönes Echo durt!
Sågn S, a aundere Fråge, sind Sie eigentlich verheiratet?
Nein, åber i måch trotzdem ålles, wås man mir sågt!
Ich eigentlich auch. Mei Frau håt mi vorige Wochn ins Råthaus gschickt wås erledign. Und då håvb i bemerkt, dass im Råthaus nur 4-lagiges Toilettpapier verwendet wird.
Wieso?
Weils von jedem Scheißdreck drei Durchschläg brauchn!

Herr Affenschädel und Herr Hofrat von Hutschenreuter

aus dem Programm
„Spitzbübereien am laufenden Band“

Hallotschi, hallotschi! Gott zum Gruße!
Griaß Ihna.
Ich seh Sie då dauernd im Haus hin und her und überall - sågn Sie, wia heißn Sie eigentlich?
Ich? Fraunz Affenschädl!
Des kaunn nua a Scherz sein!
Na, na, so haß i wirklich.
Den Naumen hätt i ma längst ändern låssn.
Des håb i eh scho amoi gmåcht.
Wie haum S vorher gheißn?
Kårl Affenschädl!
Sie wohnen jå a då, i håb Ihna schon gsehn, Sie san jå der Narrische, entschuldign Sie, der Hofrat, der Dingsdå.
Der bin ich, mein Naume ist Franz Michael von Hutschenreuter.
Hutschen S weiter!
Sågn Sie einfåch Hofråt zu mir, *Herr* Hofrat war ma lieber, åba bitte schön.
Gut, ich kaunn a noch „sehr geehrter“ draunhängan, waunn S wolln.
Das können S ma faxn.
Oiso måchn S då kane Faen, Herrn Hutschenscheider.
Nein, nein, „von Hutschenreuter“.
Mit dem Naumen håt Ihna Ihr Våter a urndliches Ei glegt, håt der a so gheißn?
Jå freilich, der Naume geht jå zruck, weiß Gott wohin . . .
Hörn S, san S froh, daß ma in ana Såckgåssn wohnen, sonst zahrt si der Naumen iwa die Autobauhn, scheibt eahm ana zsaumm, und daunn is de Hutschn bäule! Stehn S då, Herr Reuter.
Ich seh Sie immer nur spaziern gehn und am Fenster lehnen, wås måchn Sie eigentlich beruflich?
Schaun S, des is a so, friaha, wie ma no nix ghåbt haum,

wie ma no net bei der EU wårn, då wår i am Bau, daunn haums mi ohbaut, daunn wår i a Zeitlaung im Bau. Wie i wieder ausse kumma bin, håb i ma so a kleine Baufirma fia Umbautn aufbaut, mit der bin i åba daunn scheinbår net zrecht kumma Jetzt bin i håcknstad! Årbeitslos!
Des versteh i net, die EU håt doch so wauhnsinnig vü Möglichkeitn! Jetzt in der EU kaunn doch jeder, wohin wü.
Da anzige Vurteil, den i in der EU siech, is der, jetzt kennan S Ihna aussuachn, in wås fia an Laund Sie årbeitslos sein woin.
Ich seh schon, Sie san dagegn!
Red ma von wås aunderem! I håb mia neulich an Privatdetektiv engagiert.
Für wås denn?
I muaß endlich amoi aussekriagn, wårum mein Frau so glicklich is, aun mia kaunns net liegn!
Sågn Sie, nehmen Sie no net diese neue Pille, diese Sexpille?
Viagra? I wo, schaun S, bei da Freundin,då brauch is net, und fia daham is ma zu teuer! Ich håb ghört, dieses Viagra gibts jå jetzt ois Augntropfn.
Wie wirkt des?
Nau, då kriagn S a Fernrohr!
I håb wiederum ghert, dass jetzt im Wåld die Fichtnbam mit Viagra düngen.
Åba nein, wozu?
Då kennans daunn zu Weihnåchtn de Christbam gleich mitsaumt an Ständer verkaufn!
Suchen Sie wås?
Jå, mir is wås owegfålln, a Kugerl håb i verlurn.
A Kugerl, kaunn ich Ihnen behilflich sein?
Åba na, måch i ma a neichs! Woin S a ans?
Ungustiöser Kerl!
Sågn Sie, san Sie eigentlich verheiratet?
Nå jå, nå jå, nå schaun S, i håb a Lebensgefährtin, die is verheirat – åba net mit mia. I bin a verheirat, åba net mit ihr! Mia san oiso 4 Leut, mitsaumt die Kinder bin i 9 Leut.
I versteh!
Sie verstehn an Schmårrn! Weil neulich, då håb i zu meiner Freundin gsågt in ihrem Exhaustor . . .

Sie wårn mit der Freundin im Exhaustor - in der Entlüftungsaunlage?
Åba na! Im Haustor von ihrem Ex! Ex-Haustor! Då håb i zu ihr gsågt, sie soi so guat sein und mir einen herunterholen.
Åba, åba!
Na, i man, sie soi man oweholn von die Buam.
Und, is sie hinaufglaufn ins Mezzanin?
Na na, die håt mi total mißverstaundn! Wår åba leiwaund.
Ich håb jå a neulich mein Freundin besucht in Ober St.Veit.
Ah, obn sans feicht? Wischen S Ihna oh!
I bin jå mit an Riesnapparat in der Haund hinkummen.
Mit wås san S hinkummen?
Mit dem Blumen-Arrangement!
Die Frau Schnabl håt ma aufgmåcht. Sie håt ma gsågt, dassß die Bärbel, dass die seit gestern auszogn is.
Wås haum S gmåcht?
I håb gwårt, bis sie wieder aunzogn ist! Då bin i laung gsessn, mitn Dings in da Haund – mitn Blumenstrauß. Sie bringen mi total aus dem Konzept!
Bumm! Sie haum an urndlichn Haummer.
Nein, Werkzeug håb i kans daham! Außer a Beißzaungen im Schlåfzimmer! Dabei brauchert i an Fuchsschwaunz!
Gehen S zur Post!
Weil sie vom Schlåfzimmer reden: Ållawäu auf d Nåcht, waunn i so an urndlichn Kaffee trink, so an Espresso, kaunn i nie schlåfn!
Gehen S, bei mir is gråd umgekehrt, waunn i schlåf, kaunn i kan Kaffee trinkn! Åba i schlåf eh immer gleich ein, ich zähl bis 3 und bin scho weg.
Oiso, i zähl maunchmoi scho bis hålba viere, viere! Åba, sågn S amoi, Hofratl, haum Sie a Zeitung von gestern?
Na, åba waunn S mi murgn frågn, kaunn ich Ihnen die von heut aufhebn!
Åba murgn håt mei Frau Geburtståg .
Gehen S, wie oid wirds denn ?
Wie ållawäu! Åba aunläßlich dieses Tåges håb ich ihr doch ein beachtliches Bank-Budget überlåssn mit der

Auflåge, sollte ich amoi dahinscheidn . . .
Dahinscheidn? Sie manan, a Kraxn reißen, die Påtschn beidln? Sie miassn si verständlich ausdruckn!
. . . daunn möge sie einen schönen Stein besorgn.
Sie schaun auf Ihre Zukunft !
Åba, ich glaub, sie håt mi mißverstaundn, sie is zum Juwelier grennt und håt an lupenreinen Stan besurgt.
Wenigstns is net teppert!
Weil sie sågn Juwelier. Mei Bruader und i, mia wolltn vuriges Jåhr mitanaunder a Juweliergschäft aufmåchn.
Und kam es zustande?
Åba na, die haum a Alarmaunlåge ghåbt. Samma bäule gaungen.
Sind S doch froh, sind S auf freiem Fuß, und erfreun sich Ihres Lebens, erfreun sich ihrer Gesundheit . . .
So gsund bin i a wieder net, i wår vurige Wochn då unt beim Dokta auf da Eckn, der håt jå då unt sei Ordonanz.
Wås håt er?
Jå, då onaniert er täglich von 3 bis 5!
Då wår i no nie dabei, des muaß i ma aunschaun gehn!
. . . und der håt ma gsågt, i soi jedn Tåg 3 Tablettn einnehmen und zu jeder Tablettn an klan Cognac trinkn. Oiso, ane von die Tablettn håb i owegwürgt, åba mit dem Cognac bin i schon a hålbs Jahr vuraus!
A guada Cognac in klane Dosn kaunn jå recht gsund sein.
Hörn S auf, wer sauft an Cognac aus da Dosn?
I seh Ihna a då ållawäu im Haus umadumkräuln, wollt i Ihna eh schon frågn . . .
Umadumkräuln?
Sie lustwandeln, i waß eh! San Sie no berufstätig, oder wårn Sie scho länger zhaus?
Oiso, zhaus wår i no nie länger, i wår immer einseinundachtzig. Åba berufsmäßig, då bin i multifunktional tätig.
Ah so, und davon kaunn ma lebn?
Nau freilich, i bin im Verteidigungsministerium . . .
Ah, då feiern S maunchn Fasslabend!
I wår im Verteidigungsministerium, mein Tätigkeit wår so wås von geheim. Mein Schreibtisch wår geheim, meine

Unterlågn wårn geheim. Waunn i kummen bin, wår geheim, waunn i gaungen bin, wår auch geheim. Ålles rund um mich wår geheim, geheim, geheim. Bis der oide Herr Hofråt kummen is und zu mir gsågt håt: „Geh heim!"
Jetzt geh i a ham, pfiat Ihna!

Herr Doppler und Herr Wamsberger

aus dem Programm „Jåhrtausend Schmäh"

Griaß Ihna, Herr Wamsberger.
Hallo, Herr Doppler.
Sie schaun so åbghetzt aus, wås is los?
Ich bin gaunz in Eile, hålten S mi net auf, i muaß sofurt zum Bauhnhof, wäu da Herr Doktor håt gsågt, i soi blitzårtig verreisn.
Des is åber komisch, bei wås für an Årzt wårn S denn då?
I wår net beim Årzt, i wår bei mein Steuerberåter.
Åber i wår wirklich heit beim Årzt. Der håt gsågt, i soi a Zeitlaung nix trinken, und daunn schau ma, obs besser wird.
Nau, und hålten S Ihna draun?
Na, i håb gsågt, i sauf liaber a Zeitlaung des Dopplte, und schau ma, obs schlechter wird!
I wår neulich in der Apothekn, ich wollte mir eine Dose Hodenfarbe kaufen.
A Hodenfårb?
I wår nämlich vurige Wochn beim Årzt, und der håt gsågt, i håb zvü Cholesterin im Bluat, bei mir ghörn sofurt de Eier gstrichn .
Und für welchn Farbton haum Sie sich entschiedn? Åltrosa?
Na, des hängt so owe! Ich dachte eher an pastellblau.
Des is jå a Tarnfårb.
Wegn die Ådern.
Nau, und wie gehts denn so im ållgemeinen?
I håb mitn AKH nix ztuan!
I man, wie gehts iwahaupt?
Ah so! Einmal in der Wochn!
Na, i man, wie gehts bei Ihna zhaus?
Ah, då gehts går net!
Sågn S, denkn Sie immer nur aun des ane?
Ka Wunder, waunn Sie mir lauter so sauordinäre Frågn stelln!
I muaß eh gschwind ham, i muaß mei Ålte wåschn.
Gehen S, is kraunk?
Na, åber um siebene kummt sis ana aunschaun!

Nau, i håb jå mit so Weibergschichtln net vü am Huat.
Des håb i ma glei dåcht.
I bin jå eher a schüchterner Typ.
Geh!
Åber neulich, då håb ichs triebn.
Bumm, wås haum S gmåcht?
Då bin i sogår auf einem Damenfåhrrad gfåhrn.
Sie oide Sau! Wåhrscheinlich haum S den Såttel a no owegschraubt.
Nau jå, i bin jå a oida Såttlschlepper. Åber Sie werdn låchn, vur a påår Jåhr wår i sogår verheiratet!
Geh, irrtümlich?
Jå, mei Frau is leider verstorbn.
Ah, des tuat ma lad! Wås håts denn ghåbt?
Zimmer, Küche!
Na, wås hat ihr gfehlt?
A Kabinett!
An wås isn gsturbn?
Des miassn S jå gleich sågn! Aun an Schweinsbråtn!
Aun an Schweinsbråtn?
Jå, sie håt aun an Sunntåg amoi an Schweinsbråtn gmåcht und woit Erdäpflknödl dazua måchn, is in Keller gaungen um Erdäpfeln, håt si iwa die Stiagn darstessn, und „zack", weg wårs!
Jå, wås haum S denn daunn gmåcht?
An Reis dazua!
Wie ich Sie einschätz, haum S den Reis sicher im Beutel gmåcht.
Na, mir bringt eahm immer der Onkel Bens mit der Scheibtruchn!
I håb jå auch neulich mei Frau kurzfristig verlurn.
Wieso kurzfristig?
Mia wårn in an Supermarkt einkaufn, auf amoi wårs futsch!
Haum S as wieder gfundn?
Jå, jå, leider, mit an oidn Trick. I håb eine bildhübsche, junge Dame aungsprochn. Und jedesmoi, waunn i mi mit ana bildhübschn, jungen Dame unterhoit, taucht mei Ålte wie aus dem Nichts auf!
Hauptsåch, sie haum S wieder!

Red ma von wås aunderem!
Wissn Sie, waunn a Chinese „Guten Tag“ sågt ?
Nein, waunn?
Nau, waunn er Deutsch kaunn!
Wissen S, wås passiert, waunn ma Viagra in die Wiese streut?
Na, wås passiert?
Daunn können S de Regnwürmer ois Nägel verwendn!
Wissn Sie, wo bei an großn, dickn Baum hintn is?
Na, wo?
Wo de Papierln liegn!
Sågen S, haum Sie schon wås ghört von der neuen Rechtschreib-Reform?
Nau, ghört schon, åber i kenn mi net aus!
Nau, daunn geb ich Ihnen ein Beispiel.
Spielen sie bei.
Zum Beispiel des Wort „Penis“, des schreibt man nur bis 40 mit hartem P. Von 40 bis 60 schreibt mans mit weichem B und åb 60 klein.
Wissn Sie, wårum ma an Beaumtn ka Viagra gebn soi?
Nein, wårum?
Wäu sunst stehn zwa sinnlos umadum.
Wissen S, wås aussekummt, waunn man eine Blondine mit an Husky kreuzt?
Na, wås?
A blöder Hund, oder a winterfeste Hur!
Apropos winterfest. Fåhrn Sie heuer auf Urlaub?
Ich bin doch ein alter Österreichurlauber-Fan!
Wås, des können S Ihna leistn?
Nau freilich, i håb jå an Leistenbruch ghåbt!
Mia fåhrn immer auf an Bauernhof.
Åber geh!
Åber de Familie von dem Bauern, die haum heuer ka Zeit ghåbt, die wårn so im Stress.
Stressbauern.
Jå, jå Körndeln bauens a aun.
Die mußtn nämlich heuer ålle Viecherln vom Bauernhof markieren mit an Ring im linken Uhrwaschl!
Nau bumm, des is åber wirklich vü Årbeit! De vieln Schweindln und Kiah und Schåf und Ziegn!

Besonders de Bienen!
Wollen S mi rolln oder haum S an Sumser?
Wås glauben S, wåarum i då mit Ihna steh?
I wår jå heuer a auf Urlaub in Österreich.
Geh!
I håvb drei große Dosn Sonnencreme verbraucht.
So viel Sunn haum S ghåbt?
Na, åber då rinnt da Regn leichter åb!
Meistens fåhr i jå går net furt, i bleib lieber daham und geh ins Kaffeehaus.
A gscheit! Apropos Kaffeehaus: Kennen Sie diese bildhübsche Serviererin vom Kaffee „Rebhuhn"?
Sie manen die Blonde mit dem schönen Vorbau, jå die kenn i.
Die tät i gern wieder amoi schnacksln!
Wås haßt wieder amoi, haum Sies schon amoi?
Na, åber woin håb i schon öfter!
Vurige Wochn håb i mei Frau ins Spital brächt zu an Aids-Test.
Nau gehen S, wie is ausgaungen?
Mia wissen S net.
Wås haßt, ihr wißts as net?
Die haum in de Spitäler so eine Schlaumperei, die haum die Befunde verwechslt.
Na geh!
Jetzt wiss ma net, håt sie Aids oder håt sie Alzheimer?
Des können S åber leicht selber aussefindn!
Geh, wia?
Setzen Sie sich in Ihna Auto, fåhren S mit ihr ausse in Wald, so 10 Kilometer eine in Wåld, und durt schmeissen S as ausse, und waunns daunn hamfindt, daunn tat i nimmer mit ihr schlåfn!
Åber jetzt muaß i geh.
Sågn S, waunn S jetzt hamgehn, wårum schaun S so betrübt drein?
Mei Frau wü verreisn.
Då brauchen S net so weinerlich dreinschaun.
Oh ja, muaß i, sunst fåhrts ma jå net.

Herr Schrottel und Herr Scheppert

aus dem Programm „Treffen sich 3 Freunde“

Griaß Ihna, Herr Schrottel!
Jå, Herr Scheppert, gell?
Jå, i bin scheppert, und Sie san a Schrottel.
Guat, dass unsere Naumen jetzt nimmer mit „T“ aunfaungen.
Ich håb mei „T“ an gebn, der hât mia dafia sei Aunfangs-„Sch“ gebn.
Und wie haßt der Maunn jetzt?
„Teißhäusel“
So san ålle glicklich! Åba i bin net glicklich, i mecht schon so gern in Pension gehn.
In Vollpension oder in Hålbpension?
In de Rentn mecht i gehn, åba meine Freind lâssn mi net, die sågn ållawäu „Oida, årbeit weiter!“
Åba wårum?
Weils ålle no a Geld von mir kriagn.
Oiso, i fühl mi no net reif fia de Pension, mein Sextrieb, der steht zu hoch! Der ghert gsenkt. Ich håb eahm nämlich im Schädl, brauch eahm weiter untn!
Apropos, kennen Sie den Unterschied zwischn ana Astronautenfrau und meiner Frau? Die Astronautenfrau schaut immer auffe, ob er scho owekummt.
Und Ihna Frau?
Ich håb beruflich a große Karriere gmåcht, i håb a Schlüsselstellung in an Riesnkonzern.
San S Prokurist?
Na, Nåchtwächter!
Då können S laung schlåfn, wäu fia mi gibts nix Schöneres, ois in da Fruah laung im Bett zu liegn und daunn nåch dem Diener zu läutn.
Seit waunn haum Sie an Diener ?
Diener håb i kan, åba a Glockn håb i!
Ich håb neulich a laung gschlåfn, daunn bin i aufgstaundn und bin mitn Auto gfåhrn und bin in an riesign Stau einekummen.
Nau, warn S doch irgendwo vorgfåhrn.

Des is net gaungen - ich wår der erste!
Kennen Sie eigentlich den Unterschied zwischn ana Autoschlaungen und ana richtign Schlaungen? Bei ana richtign Schlaungen ist des Årschloch hintn!
Mei Frau håt nächste Wochn Geburtståg.
Wås schenken S Ihr denn?
Nächstes Jåhr kriegts goldene Ohrringerln.
Und heuer?
Låß ichs stechen!
Sågn S, kennen Sie eigentlich mei junge, hübsche Frau?
Ah so, haum S zwa?
I håb doch erst wieder gheirat, åba mit der håb ich unlängst wås erlebt, des wår so peinlich! Stellen Ihna vur, mei Frau und i, mia haum uns unlängst amoi nåchmittågs niederglegt auf ein Nickerchen, bei geschlossenen Fensterchen. Wie ma daunn wieder aufgstaundn san, wår ich gaunz gedaunknverlorn, greif in Såck, leg an Tausender aufs Nåchtkastl und geh.
Des is jå net so tragisch, die Beste weiß jå, wie Sie vurher glebt haum.
Ja schon, åba stutzig gmåcht håt mi nur, dass sie den Tausender ins Haundtaschl gsteckt håt und gaungen is!
Oiso, mei Frau verlaungt jedn Tåg von mir an Tausender.
Was måcht die mit so viel Geld?
Ich waß net, i håb ihr no kan gebn!
Kennen Sie eigentlich den Unterschied zwischn an Tausender und an Polizistn? Gibts a kan, weil waunn man braucht, is kana då!
Kennen Sie den Unterschied zwischn an Pullover, an Paar Sockn und ana 18-jährign? A Pullover wird gstrickt, de Sockn werdn gflickt, und die 18-jährige wird . . . 19!
Apropos Glück: Vurige Wochn håb i a Glück ghåbt. Kennen Sie des Zåhlen-Lotto? Då muaß ma zerscht zåhln, daunn kaunn ma Lotto spieln. Und då håb i daunn zwatausnd Schülling gwunnen!
I håb a a Glück ghåbt. I bin då hinter unserm Haus in den neichn Super-Mårkt einegaungen - i kumm eine – a Blitzlichtgewitter! Die Kapelln spielt mir an Tusch, i kriag an Strauß Blumen.
Wås wår los?

I wår der millionste Besucher.
Sie haum a Glück!
Daunn håb i no an Fruahstuckskorb kriagt und 5000 Schülling.
5000! Wås haum S gmåcht damit?
I bin auf d Nåcht ins Puff gaungen! I kumm eine – ein Blitzlichtgewitter! Die Kapelln spielt mir an Tusch, i kriag a Flåschn Sekt!
Wås wår los?
I wår der tausendste Besucher!
Sie haum a Glück!
Daunn håb i ma no ans von de Madln aussuachn dürfen, ich håb mi fia a rassige Inderin entschlossn.
Inderin! Des san die mit dem Punkt auf der Stirn.
Jå, daunn wår i mit ihr am Zimmer obn, rubbel a bisserl an dem Punkt, gwinn i net a Fåhrradl!
Red ma von wås aunderem: Haum Sie gwußt, dass der Påpst Viagra nimmt?
Fia wås braucht der Påpst Viagra?
Damit er beim Segnen no die Händ in d Höh kriagt!
Sågn Sie, san Sie a Bastler?
I bastel vü, i bin a richtiger „Do it your self made man", i måch mia ålles selber, ålles måch i mir selber!
So genau woit is går net wissn!
I woit mia nämlich an 5er- und an 3er-Bohrer ausleichn.
Fia wås?
I muaß nämlich a 8er-Loch bohrn!
San S net so teppert, nehmen S zwa 4er-Bohrer, brauchen S net umstecken!
Sie kennen Ihna åber guat aus, Sie san versiert in ålle Sparten, mit ålle Wasserln gwåschn, Sie san jå fåst a Ingenieur!
Waunn net no mehr!
Wås san denn Sie von Beruf?
Von Beruf bin i Grafiker.
Gra - fiker? Und wås måchen S im Summer, waunn die Krah furt san? Da kennen S Amseln fiadern!
Sie haum an Vogel!
Im Sommer fåhr i nåch Kroatien.
Auf Kroatien.

Na, i fåhr nåch Kroatien! Des Stückl geh i zruck! Då håb i a Ruderjacht.
Oh je, Sie san der Kapitän selbst.
Übrigens, vuriges Jåhr in Kroatien, då haums an Chinesn hålbert teppert ghaut.
Geh, wieso?
Dem is a Glasl owegfalln, und då håt er gsågt: „Selben blingen Glück!"
Sågn S, wås måchn Sie auf d Nåcht?
Auf d Nåcht – geh i ins Kino!
Geh, wås spielns denn?
Quo vadis.
Wås haßt des?
Wohin gehst du?
I geh ins Kino.
Wås spielns durt?
Quo vadis.
Wås haßt des? . . . .
Åba neulich håb i im Kino so an Monumentalfilm gsehn - die Titanic. Haum Sie gwußt, dass a Kapitän immer sei Schiff ois letzter verlåßt?
Åba nua, waunn es sinkt, weil waunns explodiert, is er da erste!
Åba wäu Sie so gscheit san: Wås steht denn auf an Präservativ gaunz zum Schluß drauf?
Des waß i eigentlich net.
Haum S es a no nie gaunz aufgrollt!
Sågn Sie, san Sie vurige Wochn am Mittwoch net am Gråbn gstaunden, in an graun Aunzug?
I wår vurige Wochn net am Gråbn!
Ah, daunn wårs doch die Pestsäuln!
Sågn Sie, wo findt a Typ wie Sie Sympathie?
Vielleicht bei meine Freind?
Na, im Wörterbuach, zwischn Scheiße und Syphilis!

Herr Schnauzenbichler und Herr Bunsenbrenner

aus dem Programm „Nix wie Schmäh"

Jå, grüß Ihna, Herr Schnauzenbichler!
Hallo, Herr Bunsenbrenner! Herr Bunsi.
Wås måchen S denn fia a Gsicht?
Hörn S, waunn i Gsichter måchn kennt, hätt i Ihna schon längst a neiches gmåcht!
Na, i man, wårum schaun Sie so verzweifelt drein?
Ich håb endlich a påår Medikamente gfundn, die wås ich wirklich guat verträg.
Nau, daunn sans doch froh!
Jå, åber i håb ka passende Kraunkheit!
Hatschi!
Då haum S Ihna Kraunkheit - verkühlt san S! Wie vüle aundre auch, damit liegen sie voll im Trend.
Des einzige, wås bei mir voll is, is die Nåsn!
Können S wenigstens amoi aus dem Vollen schöpfn. Apropos schöpfn, an Schöpfer Suppn verträgert i.
Apropos Suppn, mei Frau, die kaunn wirklich går nix, åber a Suppen måcht die, die is a Wauhnsinn, die is ein Gedicht.
Des muaß jå kenna, Sie san jå immerhin schon 30 Jåhr verheiratet, haum Sie då nie aun Scheidung dåcht?
Aun Scheidung nie, immer nua aun Mord.
Finden Sie net a, die dümmstn Männer haum immer die schönstn Fraun.
Des ist richtig - Ihre Frau is büdhübsch!
Mir ist neulich a so Gschichterl eingfålln, a Text is mir eingfålln, håb ich sofort ein påår Verse gschriebn, perverse Verse, ich glaub, sie wårn åber net guat.
Ah, Satanische Verse, die tan weh! A Satan! Asa, tan Ihna die Fiaß weh?
Jå, di tan ma weh, weh dem der lügt!
Des is åber net von Ihnen!
Des kommt a net von innen, des kommt von außen, des håt ma nämlich mei Nåchbar gsågt, dem tan a die Fersen weh!
Soll er net so vü Stiagn steign, der soll si liftn låssn, oder

mitn Aufzug fåhrn.
Im Aufzug rennt er eh den gaunzn Tåg umadum, raucht die Zigarettn mit Aufzug. Und unser Haus håt drei Aufzüge.
I les gråd a Theaterstückl, des håt fünf Aufzüge! Åber mir is wurscht, i wohn im Erdgeschoß!
In an Geschoß wohnen Sie, då brauchn Sie jå an Wåffnschein und kan Meldezettl.
Schaun S, ich wohne im Parterre.
Då können S jå gleich mit dem Paternoster fåhrn.
Apropos fåhrn, gestern bin i ins Kino gfåhrn, åber es war mehr ein Film für Lkw-Fåhrer.
Wieso für Lkw-Fåhrer?
Der håt ghaßn: „Alle Laster der Gefühle."
Apropos Laster, i war neulich a in so ana Lasterhöhle. In ana Bar wår i, då håb i a liabs Maderl kenna glernt. Die håt so an kurzn Mini aunghåbt, und auf die Knie wårs tätowiert. Am linkn Knie is gstaundn „Montag" und am rechtn is gstaunden „Freitag".
Då kenn i mi net aus.
I håb mi a net auskennt, åber sie håt gsågt, i solls amoi zwischn Montag und Freitag besuchn kumma!
A guade Idee, i wår a amoi in ana Bar, åber i wår in ana „Oben-ohne-Bar".
Da werden S jå oben ohne bedient.
I bin urndlich bedient wurdn, die wår so rotschädlert, åber die håt nur a Brust heraußn ghåbt.
Wår sie a Amazone?
Na, der Ober håt gsågt, sie årbeit nur hålbtågs.
Worauf åchtn Sie besonders, wenn sie auf der Stråßn a hübsche Frau sehn?
Ob mein Oide hinter mia is!
So schöne Fraun gibts jå vü, iwahaupt die Polinnen, då san schöne Fraun dabei. In unserem Haus wohnt so a Polin.
Då haum S a Glück!
Die wohnt gleich in der Pole-Position, eine sogenannte Polenta.
Sågn S, haum Sie wås gegn Polen?
Gegn Pollen bin i a bisserl allergisch.

Vielleicht håt ihr Årzt wås gegn Pollen?
Der sicher net, der is selber a Pole!
Des kommt ålles nur von dem verdaummtn Pollenflug!
Jetzt fliegns jå, früher sans mit de Auto gfåhrn.
Und der Papst sitzt a immer im Flugzeig, mit 80 Jåhrn um die Welt.
Åber er kaunn jå net mit der U-Båhn fåhrn! Sonst wär er jå ein Metro Pole!
Er ist åber auch kein Nordpole und kein Südpole.
Wieso nicht?
Sonst war er a Eisbär oder a Pinguin!
Diese Viecherln, die haums guat, de können immer von de Eisränder ins Wåsser springen.
Dabei wird ihnen jeder Bådemaster sågn, daß Raundsprünge verbotn san.
I håb zhaus a Obstschüssl, die håt so vüle Raundsprünge! Des kummt von dem verdaummtn Steinobst. Oft und oft håb is meiner Frau gsågt, sie soi des Steinobst net so reinhaun!
Und sie hört net auf Ihna? Die Fraun hörn iwahaupt net auf uns.
Ich håb oft die Fraun schon verglichen mit Medaillen.
Mit Medaillen?
Zerscht kämpft ma um sie, und daunn håt mas am Håls!
I håb ma iwahaupt schon überlegt, ob i mit die Fraun net gaunz Schluß måchn soi.
Des håb i schon ghört.
Håt Ihna Ålte tråtscht?
Jetzt håb i ma als Übergaungslösung so a Sexpuppn kauft, so a aufblåsbåre Gummipuppn.
Die san jå liab, san net frech, redn net teppert zruck, san hautfreundlich.
An guatn ph-Wert.
Åbwåschbår, waunn mas zuwedruckt, sans so wach.
Waunn mas net zu hårt aufblåst.
I håbs neulich so zuwedruckt, daunn håb is ins Uhrwascherl bissn, håts „pfffffft" gmåcht und is beim Fenster aussegflogn. Håt so mit die Fiaß gwachlt!
Da haum S a hårte darwischt.
Die hat an Überdruck ghåbt.

Ich woit jå a schon mit de Fraun Schluß måchn. I woit nåch Australien gehn und a Känguruh heiratn.
A Känguruh, a männliches oder a weibliches?
Nau, a weibliches, i bin jå net pervers!
Wårum - Homosexualität is jå eh schon gaunz legal.
Denken S amoi zruck, früher amoi, is schon laung her, da stand auf Homosexualität in Österreich die Todesstrafe.
Des is åber schon laung her!
Schon sehr laung her, des wår no in Ihrer Kindheit!
Daunn is nua mehr streng bestråft wurn, auch schon laung her, und heit is jå vollkommen frei gstellt und heit zu Tåg, de Schwuli heiratn sogår. Ans kaunn i Ihna sågn, waunn in Österreich die Homosexualität zua Pflicht wird, waunder i aus!
Då fåhr i mit!
Griaß Ihna!

Hofrat von Rottel
und Herr Möller Abendschrot von Schlecker
aus dem Programm „15 Jahre Superschmäh"

Hallotschi, hallotschi!
Sind Sies wirklich?
I bins wirklich, i bin wirklicher Hofråt, mei Naume is wirklicher Hofråt von Rottel.
Dass des „T" am Aufaung wegkumma is, wår a Schönheitsoperation, muaß Ihna vü Göd kost haum.
Des wars ma wert!
Mein Naume is Möller Abendschrot von Schlecker.
Åba Se san jå nua ana.
De Nauman kumman von meine Ahnen.
Ah, Se haum Ahnen?
Und wås für anen! Was glauben Se, wie weit sich mein Staummbaum zurückverfolgn läßt.
Waunn ich Ihnen so anschau, wahrscheinlich bis zu die Åffn. Åba jetzt merk ichs erst, Se kumman ja schon wieda ausn Wirtshaus raus.
Ich kaunn jå net imma drin sitzn bleibn.
Red ma von wås aunderem. Wie gehts Ihna imma?
Mia gehts herrlich, mia gehts bessa, ois i mas leistn kaunn. Nua mein Bank, die mącht jetzt Pleite.
Wieso mącht de Bank pleite?
Ich håb neulich dem Kassier an Scheck auf 1000 Euro hingebn, und er håt zuagebn miassn, daß er nicht gedeckt ist.
Kennen S eigentlich den Untaschied zwischn mein Bankkonto und mein Bett?
Na, den kenn i net!
Gibts a kan, beide frisch iwazogn!
Mein großa Wunschtraum is jetzt endlich in Erfüllung gaungen.
Wås denn?
I bin zu ana sündteuern Wohnung kumma!
Haum S a neue Wohnung kriagt?
Na, de Miete haums ma vadreifącht!
I håb ma neulich sogår a gaunzes Schloß kauft!

Hörn S auf! Wo?

In ana Eisnhaundlung!

I måch ma jå aus Geld nix, Geld is ma wurscht! Aus dem Grund håb i neulich mei Frau nåch Paris einglådn. Ich håb ihr de bestn und teuerstn Restaurants zeigt, die es gibt!

Da wårn S aba sehr großzügig!

Mia san nirgends einegaunga!

Was haum S eigentlich gmåcht, bevor Se vaheirat wårn?

Ållas, wås ma Spaß gmåcht hat. Aber mei Tochta, de mecht jetzt gern heiratn!

Is sie blöd?

Jå, jå, die geht nåch mia!

Åba sie liebt zu sehr de Abwechlsung.

Då solls am bestn an Boxer heiratn.

An Hund ?

Na, an Boxer. Der schaut nåch jedem Kaumpf aunders aus.

Mei Frau und i, mia passn so guat zsaumm !

Wieso?

Ich schnårch, und sie is terrisch!

Jå, jå, de Fraun san vaschiedn!

Na, meine lebt no!

Schaun Sie, es is so bei uns: Wir rauchen nicht.

Gehn S!

Wir trinken nix.

Åba!

Wir habn überhaupt keine Laster!

Nur Pkws?

Moment – keine Laster? Se haum doch immahin zwei Kinda gezeugt!

A net, de san uns zuagrennt!

Ich håb ja auch bis vor kurzem a feste Bindung mit einer Freundin ghåbt, åba die is auseinanda gaungan, weil wir haum vom Sternzeichen net zsaummpaßt.

Wieso net?

I bin a Wåssermann, und sie is a Traumpl!

Wås wär für Sie eigentlich des Idealbild einer Frau?

Eine stumme Nymphomanin mit 12 Wirtshäuser.

Mei Sexuallebn håt sich jå in letzta Zeit sehr verbessert,

seit mei Frau und i getrennte Schlåfzimma haum.
Wie soll ich dås verstehn?
Ihrs is in Sålzburg und meins in Wien.
Was måchn Se beruflich?
Beruflich bin i Artist, ich zersäge Frauen!
Und haumn Se auch Gschwista?
Jå, drei Hålbschwestern.
Ich håb jå auch a Schwester, die lebt im Ausland, die möchte ich nächste Woche besuchn fåhrn.
Da werdn S Ihna um Devisn kümmern müssn.
Na, de Wiesn mäht mei Bruada mitn Råsnmäha.
Ich habe gemeint, Sie werden Geld wechseln müssen.
Brauchn S a Kleingeld?
Åba na, Se werdn wechsln müssn auf der Bank, oda am Schwårzmårkt!
Schwårzmårkt? Dås wäre jå Wildwechsel, drauf steht Wechselhåft.
Guat, daunn wechseln S hålt dås fremde Geld bei an Automatn.
Moment! Fremdes Geld, des is mei Geld, dås möcht i schon betont haum. Und außadem, bei de Automatn gibts in da Nåcht sovü Automatnknacka.
Ah jå, de Automatn-Knacka måg i a net, i iß liaba mei Knackwurscht frisch!
Ich håb Ihna neulich mitn Auto fåhrn gsehgn, Se san vielleicht 40 Mål um unsern Häusablock gfåhrn.
Jå, jå, då ist ma mei Blinka hänganbliebn.
Wårn Se neulich auch bei diesem Sechstage-Rennen?
Na, i håb mei Sechstage-Rennen daham ghåbt. I håb irrtümlich am Sålåt a Rhizinusöl draufgebn. I bin 6 Tåge grennt! Ålles im 4. Gaung. Ich wår so schnö wia a BMW. Apropos BMW. Wissen Sie, wia de Polen zu an BMW sågn?
Na, wia?
Bald mein Wagen!
De Russn stehln jå auch so viel Autos.
I håb ghört.
Åba de Russn stehln imma gleich zwei.
Wieso zwei?
Weil sie miassn jå üba Polen hamfåhrn.

Wissn Se, wårum sich da Bin Laden so guat versteckt? - Damit eahm da Haider net besuchn kummt!
Ich muaß schön laungsaum gehn, i geh nämlich auf d Nåcht ins Theata. I geh sechs Mål in da Wochn ins Theata.
Sind Sie so verliebt ins Theater?
Na, i bin Plåtzaunweisa.
Lesen Sie eigentlich gerne Bücher, sind sie ein Bücherwurm?
Nein, ich bin ein Buchfink.
Wieso Fink?
Schauen Sie, ich überfliege die Bücher, und maunchmoi måch ich auch Seiten-sprünge.
Apropos Sprünge, unsere Fensta daham haum jetzt lauta Sprünge. Bei uns haums vorige Wochn einbrochn!
Hörn S auf, und håt ma den Einbrecha erwischt?
Jå, jå, åba der liegt jetzt im Kraunknhaus.
Wieso?
Mei Frau håt glaubt, i bins.
Meistens wird jå im Urlaub einbrochn.
Urlaub!
Spårn Sie schon auf Ihrn Urlaub?
I spår sehr! Seit an hålbn Jahr håb i ka Rechnung mehr zåhlt!
I muaß jå auch sehr spårn. Aus diesem Grund håb ich unsre Kuckucksuhr selba repariert.
Ållahaund! Und geht's jetzt wieda?
Nau jå, da Kuckuck kummt schon jede Stund ausse, åba er fragt, wie späts is.
Und verstehn Sie ihn, waunn er Sie frågt? I håb nämlich ghört, Se san an bissl terrisch.
Haum Se wås gsågt?
Sie schießn jå auch sehr gern, håb i ghört.
Wissn Sie, i bin a bissl terrisch, weil ich so gern schießn geh!
Wenn Sie so gut schießn, könntn Sie mia 100 Euro vorschießn?
Ich glaub, Se haum a Glasl zu viel trunkn.
Wås haßt ans?
Wieviel trinken Sie pro Abend?

2 bis 8 Flåschn Wein.
Des bringert ich jå net amoi aun Wåssa runter.
Ich auch net!
Wås täten Sie zu einem guten Vogelbeerschnåps sågn?
Sågn tät i går nix, den tät i trinkn.
Jetzt muaß i wirklich schön laungsaum gehn, åba treff ma uns wieda einmål.
Des is a guade Idee.
Und wo?
Des is ma wurscht.
Und waunn?
Des is ma a wurscht.
Åba bitte, san S pünktlich!

Stichwortverzeichnis